Ernst Paul Barth

Über den Umgang

Ein Beitrag zur Schulpädagogik

Verlag
der
Wissenschaften

Ernst Paul Barth

Über den Umgang

Ein Beitrag zur Schulpädagogik

ISBN/EAN: 9783957005175

Auflage: 1

Erscheinungsjahr: 2015

Erscheinungsort: Norderstedt, Deutschland

Hergestellt in Europa, USA, Kanada, Australien, Japan
Verlag der Wissenschaften in Hansebooks GmbH, Norderstedt

Cover: Sandro Botticelli "die Geburt der Venus"

Über den Umgang.

Ein Beitrag zur Schulpädagogik

Dr. Ernst Barth,

Direktor der „Erziehungsschule" zu Leipzig.

Dritte Auflage.

Langensalza,

Druck und Verlag von Hermann Beyer & Söhne.

1882.

Wer möchte Erfahrung und Umgang
bei der Erziehung entbehren? Es ist als
ob man des Tages entbehren und sich
mit Kerzenlicht begnügen wollte.

Herbart.

Vorwort zur erften Auflage.

———

Umgang und Erfahrung, diefe beiden großen den
Menfchen durch das ganze Leben begleitenden Lehrmeifter
find, wie es mir fcheint, in Bezug auf die Hilfen, welche
fie während des Verlaufs der Erziehung darzubringen vermögen, insbefondere von der Schulpraxis noch
nicht hinreichend gewürdigt worden, denn fonft würde
man, ftatt fich gleichgültig gegen beide zu verhalten, Er-
fahrungs- und Umgangsgelegenheiten in reicherem Maße
herbeigefchafft haben, wie denn auch das fpeziell aus dem
Umgange herauswachfende Schulleben noch lange nicht
jene Beachtung gefunden hat, die es befonders zum Zwecke
der Charakterbildung in fo hohem Grade verdient.

Umgang erzeugt Wärme und mit der Wärme Leben.
Er bildet zur Teilnahme, und mit der Teilnahme er-
wachen die fchönften Blüten des Menfchenherzens: Anhänglichkeit, Pietät, Freundfchaft, Bruderfinn, Liebe.
Möchten die nachfolgenden Blätter dazu beitragen, daß
allenthalben in den Schulen ein folches Leben fich ent-
zünde. Möchte inmitten ernfter Schularbeit ein frifches,
fröhliches, dabei aber doch auf hohe Ziele gerichtetes

Streben erstehen und neben dem Verstande auch dem Gemüte sein Recht werden.

Im übrigen wünsche ich nur noch, daß die geehrten Eltern und Angehörigen meiner Zöglinge, denen ich mit Dank für das stets wachsende Vertrauen diese Schrift zu allererst überreiche, einerseits sowohl die sichere Basis würdigen, auf der das Verfahren der „Erziehungsschule" beruht, andererseits aber auch den Vorsprung erkennen, dessen wir uns, obgleich noch mancher Wunsch der Erfüllung entgegensieht, mit vollem Rechte erfreuen können; ein Vorsprung, welcher noch bestimmter sich herausstellen dürfte, wenn einmal mit Hinblick auf die Erzeugung einer auf thatsächlichen Wahrnehmungen ruhenden Erkenntnis die Frage untersucht werden wird: Was bieten unsere Schulen gegenwärtig zur Erwerbung von „Erfahrungen" dar?

Leipzig, März 1870.

———

Vorwort zur zweiten Auflage.

———

Es gewinnt mehr und mehr den Anschein, als ob die Schulpraxis anfange, sich den Aufgaben zu nähern, welche die Lehre von der Zucht an die Schule stellt. Zwar giebt es noch viele Schulen, welche für die Erziehung genug gethan zu haben glauben, wenn sie, unter Verwechselung von Zucht und Regierung, Schüler und Schuleinrichtungen in straffer Disciplin erhalten; wir sind auch noch weit

davon entfernt, daß sich allerorten ein Schulleben ent=
wickelt, das in den Dienst der Charakterbildung gestellt
werden kann. Aber es werden doch allmählich die Hinder=
nisse beseitigt, welche frühere Jahrzehnte der Charakter=
entwicklung der Jugend bereiteten. So beginnt man die
Schulkolosse zu zerschlagen und zu Errichtung kleiner
Schulen zu verschreiten, es werden Schulgärten und
Schulwerkstätten empfohlen, und die Idee der Schulreisen
fängt an, sich weiter auszubreiten. Werden solche Ge=
legenheiten zum nähern Verkehr zwischen Lehrern und
Schülern recht benutzt, werden die Bedingungen des Um=
gangs mehr gewürdigt, als bisher geschehen, so steht auch
ein Fortschritt auf dem Gebiete der Charakterbildung mit
Sicherheit zu erwarten und es wird dann auch die zweite
Auflage dieser Schrift zu den alten Freunden sich neue
erwerben.

Leipzig, Januar 1876.

Vorwort zur dritten Auflage.

Das Verlangen nach einer neuen Auflage der vor=
liegenden Schrift gereicht mir zu besonderer Freude, da
es für mich ein Zeichen ist, daß die Kritik unsers gegen=
wärtigen Schulwesens, welche es enthält, sowie die Reform=
vorschläge, welche es darbietet, einer Prüfung nicht unwert
gefunden worden sind.

Ich lasse daher das Schriftchen, nur mit wenigen Zusätzen versehen, von neuem hinausgehen, in der Hoffnung, daß es an seinem beschiedenen Teile auch ferner dazu beitragen möge, die Schule ihrem Ideale entgegenzuführen.

Leipzig, im Oktober 1881.

Der Verfasser.

Inhalt.

Einleitung.

Verschiedene Versuche haben ergeben, daß Goldmünzen durch den Gebrauch jährlich 1 pro mille, Silbermünzen 5 p. m. verlieren. So verschwindet eine Menge Gold und Silber, man weiß nicht wohin. Eine ähnliche Erfahrung macht man an den Münzen, welche die wichtigste der Münz= oder Prägestätten, die nicht mit totem Erze, sondern mit dem edelsten Material arbeiten, — wir meinen die Schule — in die große Welt entsendet. Nach übereinstimmenden Klagen von Schulmännern und Laien entschwindet oft schon wenige Jahre nach beendigter Schulzeit vieles, ja das meiste von dem, was die Schule mühsam einprägte*).

Es hat nicht fehlen können, daß man deshalb der Schule ernste, oft bittere Vorwürfe gemacht hat. Uns liegt der Gedanke fern, jene Vorwürfe wiederholen zu wollen, zumal jeder an seinem Platze sehen kann, wie langsam die pädagogische Arbeit, selbst bei begünstigenden Umständen, ihrem Ziele naherückt. Aber wir erachten es für ernste Pflicht einer jeden Schule immer und immer

---

*) Vgl. u. a. Scherr, Organisation der Volksschule, Leipzig 1847; Curtmann, die Schule und das Leben, Friedberg 1842; Derf., Reform der Volksschule, Frankfurt a. M. 1851; Schmalfeld, Erfahrungen aus dem Gebiete des Gymnasialwesens, Berlin 1857; sowie auch die Verhandlungen des sächf. Landtags v. J. 1861.

wieder die Frage in sorgsame Erwägung zu ziehen: Warum vergessen die Schüler so viel, und warum erreicht die Schule so wenig im Hinblick auf ein festes, unverlierbares Wissen und Können?

Tschudi klagt in seinem „Tierleben der Alpen"*) über das Verschwinden der Waldungen in denselben und über das Überhandnehmen der Gletscher. Dem analog könnte das von Natur so fruchtbare Palästina über die Bebuinen seufzen, welche nur umhauen und einreißen aber nicht anbauen und anpflanzen — wenn es in der sittlichen Welt nicht ebenso, ja noch schlimmer wäre! Ober wo sind die Arbeiter, die statt fort und fort niederzureißen, mit ganzer Seele im Dienste des ewigen Baumeisters stehen, und am allmählichen Aufbau der sittlichen Weltordnung mit unverdrossenem Eifer abeiten? Was haben insbesondere die Schulen im Laufe der Jahrhunderte gethan, um die der Kultur der Sittlichkeit so überaus schädlichen Eisberge des Egoismus zu schmelzen? Warum prägen unsere Schulen so wenig Charaktere, die bei Geschick zu praktischem Thun auf den Grundton der Liebe gestimmt sind, mit einem Worte: warum bleibt das Resultat unserer Schulerziehung von dem anzustrebenden Ziele so weit entfernt,**) und hat Reither***) recht, wenn er insbesondere uns Deutsche nach dem Ziele der Erziehung mit den Worten fragt:

---

*) 8. Aufl. S. 214. 215.

**) Kirchmann, Naturforderungen an Erziehung und Unterr'cht, Eutin 1851; Friedrich (Biedermann), die Erziehung zur Arbeit, Leipzig 1852; Diesterweg, über das Verderben auf den deutschen Universitäten, Essen 1836.

***) Aus der Schule. Pädagogische Distichen, Ansbach 1869.

Löse das Rätsel mir, Freund! von all' den Völkern Europas
Rühmt sich das deutsche zumeist sorglos-erziehenden Thuns.
Aber die Frucht des Erziehns, die felsgleichstehenden Männer,
Fest in Wort und in That, zeige dem Suchenden mir.

Der Hindernisse sind viele, zum Teil schwer zu hebende,
und sie wegzuschaffen ist die Aufgabe der Zukunft. Ich
nenne mehrere, indem ich den Satz hinstelle:

Die Schule pflegt zu wenig den Umgang.

A. Der Umgang und seine Produkte.

Das Wesen des Umgangs.

Es ist dem Umgange eigen, daß er, obgleich dem
Menschen auch in die Einsamkeit folgend, nur ungern wie
die Cyklopen auf den Häuptern der Berge oder wie Robinson auf einsamer Insel zu wohnen pflegt. Der Umgang liebt die Gesellschaft; doch ist nicht jedes Beisammen-
sein ihm zur Genüge. Eine schnell vorübergehende Bewegung, eine flüchtige Berührung fällt in das Gebiet des
Verkehrs, nicht in das des Umgangs. Repetition und
daran sich realisierende Fortführung angefangener Reihen
ist die Grundbedingung des Umgangs. Auch der Erfahrung!
wird man, und zwar mit Recht, ergänzen. In der That
haben Erfahrung und Umgang, diese beiden großen Lehr-
meister, mit einander gemein, daß sie nicht in das Geschlecht
des Ephemeren gehören. Wer auf einem Gebiete nur
eine einzige Wahrnehmung macht oder nicht imstande
ist, sie bei dem Auftreten einer gleichen oder ähnlichen zu
reprobuzieren, macht ebensowenig eine Erfahrung, als derjenige von Umgang sprechen kann, der eine Person nur
einmal gesehen und gesprochen, oder eine neue Begegnung
an die erste nicht anzuknüpfen versteht. Eine zweite Über-

einstimmung beiber beruht darin, daß sie geborene Realisten
sind. Ihre Nahrung ziehen sie einzig und allein aus dem
Konkreten; Abstraktionen verschmähen sie. Während aber
die Erfahrung am Wirklichen groß wächst, gleichviel in
welcher Form es ihr entgegentritt, weswegen sie sich auch
auf Wind und Wetter, Kälte und Wärme ꝛc. erstreckt, tritt
der Umgang an solche Erscheinungen erst dann heran,
wenn sie ihm auf poetischem Wege z. B. durch die My=
thologie in faßbarer Gestalt nahe gebracht worden sind.
Die Erfahrung hat es mit dem Thatsächlichen zu thun,
ihre Macht erlischt im Feenlande der Dichtung. Der Um=
gang dagegen klebt nicht an der Scholle, auf dem Fluge
der Phantasie eilt er abwesenden historischen, poetischen
Personen zu*). In einem Dachstübchen, von aller Welt
abgeschlossen, können wir uns, ein Buch in der Hand, in
großer und gewählter Gesellschaft befinden. Erfahrung
und Umgang veranlassen uns, daß wir eine Zeit lang von
allem Andern unsere Gedanken abziehen, um uns zu ver=
tiefen. Während uns aber die Erfahrung zur Erzeugung
von Gefühlen verschiedener Art veranlaßt, überraschen wir
uns im Umgange bei einer ihm ausschließlich angehörigen
Art von qualitativen, an einen bestimmten Vorstellungs=
inhalt gebundenen Gefühlen, nämlich den sympathetischen.
Es kommt dies daher, daß die Erfahrung den Dingen
anders gegenübertritt, als der Umgang. Die Erfahrung,
und zwar die äußere wie die innere, reiht Erscheinungen an
Erscheinungen, Thatsachen an Thatsachen und der Gegen=
stand, an welchem sie ihren Stoff sammelt, hat ihr als
solcher nur insoweit Wert und Bedeutung, als er bereits

---

*) Man vergleiche die begeisterte Schilderung von Bogummil Goltz,
(Buch der Kindheit) über seinen Umgang mit Robinson Crusoe.

gewonnenes Material ergänzt und vervollständigt. Der Umgang dagegen hat es nur mit dem Persönlichen, zu einer seelischen Einheit Verschmolzenen zu thun; ihm gehört das Reich der beseelten Wesen.

Sucht man von hier aus den Umgang im konkreten Leben auf, so tritt uns derselbe sofort in zwei Abstufungen entgegen. Es giebt einen freigewählten Umgang und einen solchen, dem wir uns, wenn auch vielleicht nur auf eine gewisse Zeit, nicht zu entziehen vermögen. Der erstere ist vorzugsweise in der Freundschaft erkennbar. Die Seele dieses Umgangs ist die Sympathie, denn in voller Freiheit vereinigt sich nur, was sich sympathisch ist. Wirf, was die Bösewichter in unsern Trauerspielen so vortrefflich verstehen, einen Gegensatz in die Gemüter, laß den Zweifel, den Argwohn Platz greifen: der intimste Umgang erstirbt an gebrochenem Herzen. Anders ist dies bei dem unfreiwilligen Umgange. Hier finden sich Träger entgegengesetzter Empfindungen an einander gefesselt. Die Folge ist, daß Dissonanzen verschiedener Art und von oft großer Stärke sich geltend machen. Man denke, um an ein Umgangsbild aus dem Völkerleben zu erinnern, an die Bürgerkriege der alten und neuen Zeit und an die Entwickelungsgeschichte solcher Staaten, die aus vielen disparaten Elementen zusammengesetzt sind. Man vergegenwärtige sich das Cliquen= und Parteiwesen innerhalb bestimmter Kreise, gedenke der Selbstmorde im stehenden Heere, der Enthüllungen über das Klosterleben, welche die neuere Zeitungspresse gebracht! Es ließen sich noch andre Bilder für den unfreiwilligen Umgang beibringen, doch es sei genug. Nur eine Bemerkung sei gestattet: Auch die Schule ist eine Gemeinschaft mit beschränkter Freiheit des Umgangs. —

Mitgefühl und Teilnahme*).

Sympathie, Mitgefühl wurde als die Seele des frei=
gewählten und als ein beachtenswerter Faktor in dem
unfreien Umgange erkannt. Es ist daher notwendig,
diesem Gemütszustande selbst näher zu treten. Zu diesem
Zwecke erinnere man sich der interessanten Versuche, die
Savart über die Mitteilung von Schallschwingungen ge=
macht hat. Er befestigte eine Membran von Papier, Per=
gament oder Goldschlägerhaut auf den Rändern eines
Holzrahmens oder über der Öffnung einer Glasglocke und
bestreute sie mit Sandkörnchen. Brachte er nun eine
schwingende Stimmgabel oder eine tönende Orgelpfeife
in ihre Nähe, so vibrierte die gleichgestimmte Membran
gerade so, als ob sie direkt erschüttert worden wäre, was
aus der Bewegung der Sandkörnchen zu ersehen war.
Das mitfühlende Gemüt des Menschen hat sehr viel
Ähnlichkeit mit einer solchen Savart'schen Membran. Ge=
mütszustände anderer finden in ihm einen lauten Wider=
hall; es gerät gewissermaßen in dieselben Schwingungen,
und beide Gemüter verschmelzen bei gleicher Empfindung.
Das Mitgefühl ist das Echo der Herzen. Es kleidet sich
rot und schwarz; Wohl und Wehe, Freude und Leid
spiegeln sich gleichmäßig in ihm wieder und zwar oft so
hell, daß wir, eine Zeit lang zwischen uns und den andern
gar nicht unterscheidend, das fremde Leid oder die fremde
Lust als eigene empfinden. Unter allen Umständen fühlen
wir uns zu dem Gegenstande, der uns sympathisch er=
regte, hingezogen, und weder Raum noch Zeit kann da

---

*) Vgl. bei diesem und dem nächsten Abschnitte meine Studie über
die Teilnahme in Gutzkows Blätter für litterarische Unterhaltung
III. Folge 1. Band, Nr. 29, 30.

ein Hindernis sein. Die englischen Damen, welche dem greisen Blücher auf den Straßen Londons die Hände küßten, waren längst sympathisch mit ihm verschmolzen und wir, die Nachgeborenen, sind es von Jugend an gewesen. Ohne Zweifel ist das Mitgefühl eines der schönsten Geschenke, das die Gottheit aus sich heraus dem Menschen in die Brust legte. Wir vervielfachen unsere Freuden, indem wir uns die Freude anderer aneignen; sobann aber, wenn wir selber die Glücklichen sind und andere sich mit uns freuen, bringt der Reflex der eigenen Lust, die sich in andern wiederspiegelt, uns das eigene Glück nur noch lebhafter zum Bewußtsein. Hat uns dagegen ein Kummer getroffen und es findet sich ein zweites Wesen, das mit uns fühlt, so ist es uns als hätte er einen Teil der Bürde von uns genommen. Bekannt ist das Sprichwort: Geteilte Freude ist doppelte Freude, geteilter Schmerz ist halber Schmerz*).

Aber es ist ein zweifaches: ob unser Herz, wenn auch in hellen, lang nachhallenden Tönen, nur wiederklingt, fremde Lust und fremdes Leid in sich nur wiederspiegelt oder ob es, gefesselt durch die einmal vollzogene Verschmelzung, den fremden Gemütszustand auf seinen weiteren Wanderungen begleitet, kurz, wenn das mehr passive Mitgefühl übergeht in diejenige Aktivität des Interesse, welches man mit dem Namen Teilnahme bezeichnet. Mitgefühl ist Vervielfältigung einer einzelnen Empfindung, es ist Gefühlsverdoppelung, aber es ist noch nicht Interesse. Dem mit Bewußtsein aufgenommenen Sinneseindrucke gleich, steht es sozusagen nur auf der untersten Stufe des Interesse, dem Merken. Geht es über zur

---

*) Nahlowsky, Das Gefühlsleben, S. 217 ff.

Erwartung, indem es schon einen neuen, noch nicht wirklichen Zustand des fremden Gemüts ins Auge faßt, schreitet es zu den höheren Stufen, zum Fordern und Handeln, dann setzt es sich in Teilnahme um. Im Mitgefühl ist das Interesse noch Knospe, in der Teilnahme hat es sich zur Blüte entfaltet.

Zur Bildung des Mitgefühls.

Goethe sagt: Man weiß erst, daß man ist, wenn man sich in andern wiederfindet. Fürwahr, dem Bergmanne gleich, erschließen wir uns mittels der Teilnahme einen Schacht nach dem andern, dringen immer tiefer in die Geheimnisse der Menschenbrust ein, lernen uns selbst immer besser, immer vollständiger verstehen. Wie ist es aber, muß man notwendig fragen, dem in das Innere eines Menschen eingeschlossenen Gefühle möglich wiederum in das Innere eines andern Menschen zu bringen? Daß hier die körperlichen Reflexerscheinungen nicht hinreichen, dürfte wohl unzweifelhaft sein. Man wird sich vielmehr erinnern müssen, daß, stände dem Gefühle nicht ein Weg in die sinnliche Welt zu Gebote, das Mitgefühl ebenso wie die Teilnahme unmöglich wäre. Glücklicher Weise ist dies der Fall. Das Gefühl hat mehr als Eine Sprache. Zunächst tritt uns der Gesichtsausdruck entgegen. Singt doch der Dichter:

In die Augen mußt du schauen,
In den Augen wohnt das Herz.

Aber nicht bloß dies. Der ganze äußere Mensch, die Bewegung und Haltung des Kopfes, der Hände und Arme, der Gang sprechen im natürlichem Zustande ohne Worte eine so laute Sprache der Empfindung, daß wir sie selten mißverstehen. Hierzu kommt noch der besondere

Ausdruck, den man der Lautsprache verleiht, will man in seine Worte ein bestimmtes Gefühl hineinlegen. In der That haben die verschiedenen Gefühls= und Empfindungsgruppen des menschlichen Herzens ihren eigenen Anschlag, ihre besondere Tonart. So giebt z. B. die Liebe einem und demselben sprachlichen Ausdrucke ein ganz anderes Kolorit, als die Gleichgültigkeit oder gar der Haß. Ja noch mehr! Jedes Gefühl an sich, man darf nur an irgend eine konkrete Darstellung desselben denken, hat da, wo die Sprache ihres abstrakten Charakters wegen aufhört, das Konkrete zu bezeichnen, durch Modifikation des Klangs der Worte noch ebenso viel verschiedene Grade der Bezeichnung, als es selbst in Wirklichkeit durch Umstände und Personen modifiziert werden kann. Freilich ist es schwer, diesen durchsichtigen Farbenton, welchen die Empfindung dem gesprochenen Worte im raschen Fluge des Augenblickes anheftet, festzuhalten, noch schwerer ihn zu beschreiben; indessen soviel ist sicher, daß für jede Empfindung eine solche verschiedene Ausdrucksweise außer der sprachlichen vorhanden ist. Endlich ist es die Lautsprache selbst und zwar ohne Rücksicht auf die Modulation der Stimme, die als Ausdruck der Empfindung sich repräsentiert, wenn hier auch nicht gleich die Interjektionen besonders hervorgehoben werden sollen. Wie wäre dies auch anders denkbar, da ja die Sprache nicht bloß Zeichen für das äußere, sondern auch für das innere Geschehen ist. Wie aber die Lautsprache nie, selbst nicht durch die ausführlichste Beschreibung, einen sinnlichen Gegenstand in seiner Wirklichkeit getreu wiedergeben kann, so auch keine wirkliche Empfindung; vielmehr wird sie, ihrer abstrakten Natur nach, aus dem Reiche der Empfindungen immer nur Abstrakta, niemals Konkreta darbieten. Darum die verschiedene Deutung, die das geschriebene weniger schon das gesprochene Wort erfährt, darum auf der andern Seite das leichte Verständnis des deklamatorischen, die packende Gewalt des mimischen Wortes.

Kennt man aber auch die Sprache der Empfindung, so bleibt es immer noch unerklärt, wie die Empfindung selbst dem Verständnisse des Kindes nahe gebracht und damit die Grundlage des Mitgefühls und der Teilnahme gewonnen werden kann. Nahlowsky verlangt Notiznahme von den fremden Zuständen, sowie die richtige Deutung der Zeichen, durch welche sich der fremde Zustand verrät. Aber welches sind denn die appercipierenden Vorstellungen, „die Notiz nehmen" von dem, was in der verschlossenen Menschenbrust vorgeht, und wo ist der Dollmetscher für die Deutung jener Zeichen? Und was endlich ist zu thun, damit das Kind an sichtbaren, hörbaren Zeichen in die unsichtbare Welt der Gefühle und Empfindungen hinab= steige?

Wie wir dem Kinde einen Baum zeigen, damit es, wird von ihm gesprochen, uns verstehe, so müssen wir ihm auch Gefühl und Empfindungen zeigen, aber nicht an anderen, denn die kann es ja nicht wahrnehmen, sondern in ihm selbst, d. h. es muß sie selbst in sich erzeugen. Sobald aber eine Empfindung im Gemüte des Kindes sich ausbreitet, wird sie auch einen wahr= nehmbaren Ausdruck, ähnlich dem anderer Menschen, her= vorbringen, insbesondere wird es seine Körperbewegungen, die Klangfarbe seiner Laute und Worte wahrnehmen. Treten ihm nun später ähnliche Gefühlsäußerungen von Anderen entgegen, so wird es dieselben verstehen, an ihnen in den inneren Zustand hinabsteigen, in sich selbst aber ein Nachbild jenes Gemütszustandes erzeugen. So=

mit ist die eigene innere Erfahrung der Urquell des Mit=
gefühls und darum auch der Teilnahme. Und das täg=
liche Leben spricht Ja! zu diesem Satze. Oder wer hat
die meiste Teilnahme mit einem hungerigen Spätzchen,
einem frierenden Kinde, einem wandernden Handwerks=
burschen, derjenige, welcher mitten im Wohlleben
Hunger und Frost nicht empfunden, oder wer durch die
Schule der Armut und des Elendes gegangen ist? In
diesem Sinne sind daher arme Kinder unendlich reich, denn
ihre Not kann ihnen die Mutter einer reichen Teilnahme
werden. In diesem Sinne ist auch der größte Schmerz,
den wir erleiden, ein Segen für uns und andere, denn
aus ihm heraus quillt das Verständnis ähnlicher Leiden.

Ist hieraus ersichtlich, daß das Erleben auch des kleinsten
wirklichen Schmerzes bedeutungsvoller für das Bewußtsein
ist, als die Schilderung der größten aber nicht wirklichen
Leiden, und daß die Seele an der kleinsten wirklichen
Freude mehr hat, als an dem Gedanken eines erst noch
künftigen Glückes,*) so ist doch anderseits auch sofort so
viel klar, daß es mit der eigenen Erfahrung nicht abgethan
ist. An ihr entspinnt sich die Teilnahme, aber sie kann
sich nicht daran vollenden. Wie wir einem Knaben nicht alle
sinnlichen Gegenstände, ihre Veränderungen und Bezie=
hungen zu einander vor die Seele führen können, sondern
ihn veranlassen müssen, seinen Vorstellungskreis durch
Benutzung von Bild und Beschreibung zu ergänzen und
zu erweitern, so ist es auch im Gebiete der Empfindungen.
Mit einem Worte: es ist die Phantasie, welche, auf
den eigenen Erlebnissen weiter bauend, dem Mitgefühle
und damit der Teilnahme immer größere Gebiete er=

---

*) Strümpell, Erziehungsfragen, S. 65.

obert. Wie das Kind vom Dorfteiche aus die See um=
spannen, vom Hügel einen hohen Berg erfassen kann, so
wird es auch Gemütszustände sich zum Verständisse
bringen, die weit über seine wirkliche Erfahrung hinaus=
greifen.

Es sind also zwei Bedingungen, welche bei der Er=
zeugung des Mitgefühls als der Grundlage der Teil=
nahme in Betracht kommen: Eigene Erlebnisse in mög=
lichster Mannigfaltigkeit, Bildung der Phantasie zur Er=
kundung und Umspannung solcher Gebiete, die dem Hori=
zonte der uns umgebenden Wirklichkeit fern liegen.

Zur Bildung der Teilnahme.

Es ist das Mitgefühl der Anfang, die Teilnahme das
Ganze des Interesse genannt worden. Ist dies richtig, so
erheischt sicher die Bildung der letzteren noch weitere, höhere
Bedingungen. Das Mitgefühl, einmal in uns erzeugt,
kann bei einer einzelnen Begegnung sich erneuen. Eine
klaffende Wunde, ein epileptischer Zufall, im Vorübergehen
auf der Straße beobachtet, kann unser Mitleid erregen.
Die Teilnahme begleitet, wenn auch vielleicht nur in Ge=
danken, den Unglücklichen nachhause, sie erkundigt sich nach
seinen weiteren Schicksalen und jede Mitteilung, die ihr
über den Betreffenden wird, nimmt sie mit Dank entgegen.
Bleiben die Nachrichten aus, erfolgt keine weitere Be=
gegnung, so erlischt sie allmählich, wie jedes Interesse er=
stirbt, das ohne Nahrung gelassen wird. Nur wenn die
Teilnahme sich in Neigung umsetzt, wenn Freundschaft,
wenn Liebe aus ihr sich entwickelt, wenn also Teilnahme
nicht mehr bloße Teilnahme ist, dauert die Sympathie
fort — selbst über das Grab. Hieraus folgt: Teilnahme
erfordert Kontinuität der Erlebnisse.

Die höhere Entwickelungsstufe, welche die Teilnahme dem Mitgefühle gegenüber einnimmt, charakterisiert sich ferner dadurch, daß jene ein viel weiteres Feld umspannt, als dieses. Das Mitgefühl ist der Boden, auf dem die Teilnahme erwächst, aber man muß es nicht in jedem Akte der Teilnahme wieder erkennen. Antigone hat unsere vom wärmsten Mitgefühle getragene Teilnahme; wer aber wollte sagen, daß ihm darum Kreon gleichgültig sei? Folgen wir nicht auch, freilich schaudernd, einem Scheusale wie Franz Moor, mit teilnehmendem Interesse, und zieht uns nicht selbst Mephisto, seiner teuflischen Natur, zum Trotz, mit sich fort? So gewiß dies nun aber unmöglich wäre, wenn die Dichter diesen Charakteren nicht ein gewisses menschliches Gepräge*), mit dem wir zu sympathisieren vermögen, gelassen hätten, eben so sicher ist, daß wir bei der Teilnahme weit über die engen Schranken des Mitgefühls hinausgetragen werden und daß, wenn zu diesem schon die Pflege der Phantasie erforderlich war, diese in noch viel höherem Grade für die Bildung der Teilnahme in Anspruch genommen werden muß. Wie wäre es auch sonst möglich, zum Verständnisse von Gemütszuständen zu gelangen, die wie die Eitelkeit, der Stolz, der Haß u. dergl. gar nicht aus eigener innerer Erfahrung kennen gelernt werden sollen?

Erfordert demnach die Bildung der Teilnahme als zweites eine unausgesetzte Pflege der Phantasie so liegen die dabei in Anwendung zu bringenden Hebel

---

*) Allihn, die Grundlehren der allgemeinen Ethik. S. 155. Über die Zurückführung des Gefühls der Teilnahme auf die Zweckmäßigkeit vergl. Schiller's Abhandlung: Über den Grund des Vergnügens an tragischen Gegenständen.

in der Erziehungswissenschaft gewissermaßen schon in Bereit=
schaft da. Es ist der Unterricht, welcher, den Umgang
ergänzend, den Zögling auf Gebiete führt, die er nur ver=
mittels der Phantasie zu umfassen vermag. Es ist endlich
der eine Kontinuität von Erlebnissen darbietende, bis an
die Grenzen des Möglichen zu erweiternde Umgang selbst,
auf welchem als Basis der Unterricht erst zur vollen Teil=
nahme hinführen kann.

Es mag einer anderen Darstellung vorbehalten sein,
die Gestaltung des Unterrichts inbezug auf die Bildung
der Teilnahme zu untersuchen. Hier haben wir es nur
mit dem Umgange, und mit dem Unterrichte nur insofern
zu thun, als er vom Standpunkte des Umgangs .in Be=
tracht kommt. Den Interessen der Teilnahme gemäß ist
also zu untersuchen: der Umgang mit Einzelnen, mit der
Gesellschaft, sowie endlich der den höchsten ethischen Zielen
des Menschen zuführende, durch Heiligkeit jede andere Ver=
bindung überragende, über Menschen und Erde erhebende
Umgang mit Gott.

Der Umgang und die Erkenntnis.

Die Untersuchung ist bis jetzt so weit geführt, daß die
Frage nach der Beschaffenheit des in den Dienst der Teil=
nahme zu stellenden Umgangs erörtert werden kann. Da
jedoch zu erwarten steht, daß wir auf diesem Wege noch
anderen Umgangsprodukten begegnen, so möge noch ein
Blick auf das Wesen des Umgangs gestattet sein.

Man hat dem Umgange das Reich der beseelten Wesen
zugewiesen, und in der That ist vorzugsweise das Seelische
dasjenige Gebiet, welches vom Umgange zu bearbeiten ist.
Dabei darf jedoch wohl die Frage erhoben werden, ob der
Umgang nicht auch noch in anderer Beziehung der Er=

ziehungspraxis darzubieten ist. Der Mensch geht offenbar auch mit unbeseelten, ja leblosen Dingen um. Man denke an Pfeffel's: Gott grüß Euch, Alter! Schmeckt das Pfeischen? und an Holtei's: Schier dreißig Jahre bist du alt. Man beachte das Verhalten des Naturfreundes den unbeseelten Pflanzen seines Gartens gegenüber. Wie sind ihm die einzelnen Bäume, Sträucher und Blumen ans Herz gewachsen, wie begrüßt er sie jedes Frühjahr mit neuer, herzinniger Freude, und wie kennt er ihre Eigentümlichkeiten. Personifizieren wir nicht gleichsam den unbeseelten, ja leblosen Gegenstand, betrachten wir ihn nicht wenigstens als ein Stück unserer eigenen Lebensgeschichte, und würdigen wir ihn nicht darum oft unseres intimsten Umgangs? Es wäre indessen wohl gewagt, daraus Konsequenzen für die Bildung der Teilnahme ziehen zu wollen, denn diese Frucht des Umgangs dürfte für die Jugend zu hoch hängen. Anders gestaltet sich die Frage inbezug auf die Erkenntnis.

Wir gedachten oben der Klage, daß die Lehre der Schule so wenig nachhaltig sei. Eine Lehre, eine Erkenntniß, welche der Umgang, auch jener erweiterte, darbietet, ist fast unverlierbar. Man durchforsche nur das, was man am sichersten weiß, und man wird finden, daß nicht das Allerwenigste aus einem solchen Umgange gewonnen worden ist. Wie lernt das spielende Kind die Eigenschaften seiner Puppe kennen! In welch' hohem Grade mag die nachmalige Charlotte Käftner (f. Goethe's Werther), ebenso, um an ein neueres Dichterbild zu erinnern, Arnoldine Frieblein in Benedix' Weihnachten im Umgange und in der Fürsorge für ihre jüngeren Geschwister ein gutes Stück Hausfrauenerkenntnis erworben haben! Wer gedankenlos die Welt durcheilt, von dem sagt man: Er reist wie ein Koffer. Wohlan, wer ganze Geschichtsperioden im Fluge

durchläuft, und das Buch der Natur an der Hand encyklo=
pädiſtiſcher Hilfsmittel durchblättert, wird wenig mehr be=
halten als jener, ganz abgeſehen davon, daß dort wie hier
Lichtenbergs Wort Anwendung finden kann: Er lernt die
Naſe eher rümpfen als putzen. Wer aber wie W. H. Riehl
reiſt, wer einem einzelnen Schriftſteller mit andauernder
Wärme ſich hingiebt, wer ſo wie Goethe Natur und Kunſt
ſtudiert, der wird dauernder Eindrücke ſich für alle Zu=
kunft erfreuen; er wird ein dem Umfange nach vielleicht
beſchränktes, dafür aber ſicher verarbeitetes Material zu
leichter Verfügung in ſich bereit finden. Darum verlangt
Stoy*) zur Erzielung eines guten Natur=Unterrichts Um=
gang mit der Natur, und mit gutem Grunde citiert
Finger, der Verfaſſer der gegenwärtig beſten Heimatskunde,
den Ausſpruch von Freſenius (Programm der Vender=
ſchen Erziehungsanſtalt 1850): „Alles erſte Lernen ſoll
ein Erleben ſein. Das Kind lebe in den Dingen und die
Dinge in ihm.“ In der That, es iſt der Umgang, der
ſeine Lehre erleben, das Wiſſen, welches er bietet, er=
fahren läßt. Er zeigt mit dem Kennen das Können, ja
er ſteigert dieſes zur Geſchicklichkeit. Fürwahr könnte man
alle Lehre erleben laſſen, die Sorge um den dauernden
Beſitz des Wiſſens würde faſt ganz wegfallen. Nun wohl=
an! die Schule laſſe ſo viel erleben, als es die Natur der
ihr dienſtbaren Bildungsmittel geſtattet. Und iſt ein wirk=
liches Erleben nicht möglich, ſo ſorge wenigſtens die didak=
tiſche Kunſt durch höchſtmöglichſte Anſchaulichkeit und an=
dauernde Vertiefung in den Gegenſtand für ein Nach=
erleben. Dann wird der durch die Unterrichtskunſt unter=

---

*) Vaterhaus und Mutterſprache S. 6.

stützte Umgang nicht nur eine Quelle der Teilnahme, sondern auch der Erkenntnis sein.

Der in seiner Freiheit beschränkte Umgang.

Zwei unzertrennlichen Freunden gleich haben wir auf
unserem Wege Erfahrung und Umgang immer nebeneinander gefunden. Erfahrungen können zum Umgange veranlassen, und umgekehrt führt der Umgang zu Erfahrungen und daraus fließender Erkenntnis. Es ist ohne
Zweifel das Gebiet der Erfahrung für den pädagogischen
Zweck noch nicht hinreichend erforscht, ebenso wie der Umgang einer speziell psychologischen Behandlung noch entgegen zu sehen hat. Indem wir inbetreff des letzteren
der Lösung praktischer Fragen zustreben, ist, bevor wir
von der Erfahrung Abschied nehmen, nur noch Ein Ver-
gleichungspunkt zwischen ihr und dem Umgange zu er-
wähnen. Es ist der Zwang, dem beide unterliegen. Die
meisten unserer Erfahrungen machen wir nicht nach eigener
freier Wahl, sondern innerhalb einer gewissen Notwendigkeit. Die Erfahrung, daß das Quecksilber gefriert, können
wir ohne künstliche Veranstaltungen in unseren Breiten-
graden nicht machen, sowie der Südländer in seiner
Heimat von unsern eisbedeckten Flüssen nichts „erfahren"
kann. So giebt es auch beim Umgange einen durch das
Leben ausgeübten Zwang, dem sich der Mensch nicht zu
entziehen vermag. Jeder ist an bestimmte Verhältnisse
gekettet. Familie, Wohnort, Land und Leute wirken, wir
mögen wollen oder nicht, inbezug auf den Umgang auf
uns ein. Man denke beispielsweise nur an den Umgang,
den ein englischer boy im Gegensatz zu einem deutschen
Knaben findet. Kleine englische Knaben tragen schon den
Hut; sie werden vom 12. Jahre an wie Männer gehalten,

was jedoch nicht davon abhält, daß das Flogging-System auf allen höheren Schulen Englands noch vorhanden ist, und in Eton selbst die Zöglinge der sixth-form noch Schläge bekommen*). Kleine Knaben schwingen sich ohne langes Bedenken auf die outside eines Omnibus oder stachecoach**) und machen Reisen auf dem Kontinent ohne mehr als ihre eigene Begleitung. Fortgerissen von dem Geiste der Nation gaben die Primaner von King Edward's school in Birmingham ein wöchentliches Journal in Druck; hingewiesen auf frühe Entwickelung zur Selbständigkeit veranstalten die Zöglinge von Eton noch jetzt große Ruder= feste auf der nahen Themse, kurz die englische Nation befolgt fast zu getreu das Herbart'sche Wort: „Knaben und Jünglinge müssen gewagt werden, um Männer zu werden"***). Deutsche Väter, noch mehr deutsche Mütter, würden Ach und Weh rufen, wenn sie ihren Söhnen, die sie am liebsten bis über das Jünglingsalter hinaus zu gängeln bemüht sind, solche Freiheiten gestatten sollten. Das Eberhard'sche Gedicht: „Peter in der Fremde" ist eine Karikatur auf den deutschen Jüngling, nichtsdesto= weniger berührt es den Geist unserer Erziehungsmethode in ziemlich empfindlicher Weise. Man beachte ferner den Unterschied in dem Umgange, den ein, selbst in dem ent= ferntesten Winkel eines Großstaates, lebendes Kind im Gegensatze zu einem solchen erfährt, das im Bereiche eines Kleinstaates aufwächst. Man denke an den Umgang, den ein in einem rührigen Gemeinwesen aufwachsender

---

*) Wiese, deutsche Briefe über englische Erziehung. S. 33. Stoy, zwei Tage in englischen Gymnasien, S. 25. —
**) Wiese, a. a. O., S. 42. —
***) Werke Bd. X., S. 23.

Knabe hat, gegenüber einem solchen, das an die Thaten der Schildbürger erinnert. Und welcher Unterschied ist zwischen dem zerstreuenden, ja gefährlichen Umgange in einer mit obscönen Bilderläden, verrufenen Gassen 2c. versehenen Großstadt und dem idyllischen, aber auch eng- und groblebigen Umgange kleiner Dorfschaften!

Der pädagogische Verein zu Berlin hat, um den Vorstellungskreis der in die unterste Klasse eintretenden Berliner Kinder annähernd bestimmen zu können, eine Anzahl Fragen aus dem Gebiete der Erfahrung und des Umganges gestellt, die von den Kindern beantwortet werden sollen. Gelingt es, recht viele Schulen in den verschiedenen Gegenden Deutschlands für Anstellung ähnlicher Versuche zu gewinnen, so werden sich die mannichfaltigsten Erfahrungs- und Umgangsprodukte ergeben*); und könnte man tiefer, namentlich in das Familienleben eingehen, so würden sich noch sehr interessante, insbesondere die beschränkte Freiheit des Umganges illustrierende, Ergebnisse zeigen. Es soll nicht ein auf der Gasse oder zwischen rohen Dienstboten aufwachsendes Kind mit einem solchen verglichen werden, das die meiste Zeit unter den Augen einer gebildeten Mutter zugebracht hat. Aber andere Umgangsprodukte dürften der Erwähnung nicht unwert sein. Gedenken wir zuvörderst derjenigen Kinder, welche als die einzigen im Elternhause vorzugsweise auf den Umgang mit Erwachsenen, also auf solche Personen ange-

---

*) Diese Voraussetzung hat in fast überraschender Weise ihre Bestätigung gefunden in den Beobachtungen und Vergleichungen, welche auf grund einer gleichen Untersuchung die Bürgerschullehrer Annabergs i. S. angestellt haben. Vergl. den Bericht über die Annaberger Bürgerschulen v. J. 1881, herausgegeben von Direktor Dr. Hartmann daselbst.

wiesen sind, die dem eine Anzahl von Entwickelungs=
phasen durchlaufenden Geistesleben des Kindes mehr oder
weniger fern stehen. Altklugheit, auffallende Hinneigung
zum Egoismus, Einseitigkeit, Unbeholfenheit im Ausdrucke
von Gedanken und Gefühlen, Ungelenkigkeit des Körpers
und dergl. sind meist Kennzeichen eines Kindes, das
des Umganges von Altersgenossen entbehrte. Ähnliche
Symptome treten oft bei erstgeborenen Kindern zu Tage,*)
zumal wenn sie längere Zeit ohne jüngere Geschwister
blieben. Da war Gellert unter seinen zwölf Geschwistern
offenbar viel besser daran, wie denn der Spruch: Viel
Kinder, viel Segen, seine hohe Berechtigung hat. Es
ist ferner unschwer zu erkennen, ob ein Mädchen in der
Jugend viel mit Knaben, und ob ein Knabe viel mit
Mädchen umgegangen ist. In ersterem Falle verwischt sich
leicht manche von den zarten Regungen, welche an der
weiblichen Natur so hoch zu schätzen sind. Solche Mäd=
chen gleichen zuweilen Schmetterlingen, deren Flügel von
unvorsichtiger Hand betastet worden sind, während sie
vielleicht dafür vor dem zimperlichen Wesen, an dem
nicht wenige Vertreterinnen des weiblichen Geschlechts
leiden, bewahrt werden. Raupen, Spinnen greifen sie
beherzt an, der Witterung bieten sie Trotz, Zudringlich=
keiten lernen sie zurückweisen, ungerechtfertigten Ohnmachten
sind sie nur wenig ausgesetzt. Anders der Knabe, der
vielleicht eine große Zahl weiblicher Geschwister zum steten

---

*) Nur nebenbei sei bemerkt, daß erstgeborene Kinder, weil ihnen
die vielfachen Hilfen fehlen, die sie selbst ihren jüngeren Geschwistern
darbringen, im Vergleich mit diesen oft ungeschickt, täppisch, ja geradezu
dumm erscheinen und darum von den Eltern, die fast durchgängig da=
hin neigen, an ihrem Erstgeborenen den Eifer hoher Erwartungen ab=
zukühlen, ungerecht beurteilt und behandelt werden.

Umgange hat, oder den das hochachtbare Geschlecht der Tanten und Großtanten beherrscht. Ihm ist etwas Weichliches, wenn nicht zu sagen Weibisches selten abzusprechen. Schon sein Teint verrät, daß er vor den Unbilden der Witterung ängstlich behütet wurde. Dagegen ist, während er an Naturdingen oft teilnahmlos vorübergeht, sein Vorstellungsleben, soweit es sich auf menschliche Angelegenheiten innerhalb bestimmter Grenzen bezieht, meist fein ausgebildet und gegen die Formen des Anstandes wird er selten verstoßen. Auch ist ein großer Unterschied zwischen Kindern, die in festgefügten Familienverhältnissen und Familientraditionen aufwachsen und denen neue Anschauungen nicht ohne sorgfältige Besprechung dargeboten werden, und solchen, bei denen der Wechsel, der Unbestand die Regel ist, die viel auf Reisen sind, oft ins Theater, in Gesellschaft und dergl. mitgenommen werden, oder gezwungen sind, sich viel in Restaurationen aufgehalten, ohne daß die Erziehung die nötigen Gegengewichte anbringt. Auch ist unschwer zu erkennen, ob ein Kind Gelegenheit bekam, die Werkzeuge unserer Arbeiter nicht nur zu sehen, sondern auch anzugreifen und mit ihnen zu hantieren; ob es ihm vergönnt war, im Garten mit Pflanzen, in Haus und Hof mit Tieren umzugehen, ob und wie es endlich in die Angelegenheiten der Familiengemeinschaft und in den Umgang mit Gott hineingezogen wurde.

Ebenso wie die Familie ist die Schule eine Gemeinschaft mit beschränkter Freiheit des Umgangs. Während aber die Familie durch die manchen Gegensatz überwindenden Bande des Blutes zusammengehalten wird, treten sich, wenn nicht besondere Vorkehrungsmaßregeln getroffen werden (s. unten), in der Schule Individuen der verschiebensten Gemütslagen einander gegenüber. Die Folge ist, daß in derselben neben der Teilnahme eine Menge anderer Umgangsprodukte aufwachsen, ja daß unter Umständen die Teilnahme gar nicht entstehen, oder wenn entstanden, verkümmern kann. Es lehrt dies auch die Geschichte der Pädagogik auf mehr als einer Seite. So wissen wir, daß der von Alfred dem Großen nach Oxford berufene Scotus Erigena durch die Federmesser und Griffel seiner Schüler zu Malmesbury getötet worden ist; daß im Jahre 1198 die Schüler der Klosterschule zu Abelsberg in Würtemberg ihren harten Lehrer beim Spaziergange überfielen und ihm die Augen ausbohrten; daß im Zeitalter von Pabst Innocenz III. der Rektor Rudolph zu Halle von erbitterten Schülern heimlich überfallen und schrecklich gemißhandelt wurde*). Eine diese Berichte ergänzende Betrachtungsweise eröffnet uns Luther, der, wie er selbst erzählt, von seinem Schulmeister an einem Vormittage „vierzehnmal wacker gestrichen wurde." Und was ein Schüler von einem andern zu erleiden hatte, das lehrt uns die Flucht des jungen Johann Gottlieb Fichte aus der Fürstenschule Schulpforta. Fürwahr, die Geschichte mancher Schule des Mittelalters bis in die neuere Zeit herein ist eine Leidensgeschichte der Jugend und gewiß ist hierauf auch der Ausspruch Cormenins zu beziehen: Le casernement d'une masse d'enfants entre quatre murailles est une action anti-nationale, anti-morale et anti-civique**).

Über die barbarischen Schulzustände vergangener Zeiten sind wir, Gott sei Dank, so ziemlich glücklich hin-

---

*) Stoy, Haus- und Schul-Polizei. S. 13.
**) Nach Wiese, a. a. O. S. 47.

weg. Sie bürften auch, selbst wenn Riehls Ausspruch*) sich bewahrheiten sollte, baß, da in der Pädagogik ge= prügelte Generationen mit geschmeichelten abzuwechseln pflegten, jetzt nach einer halb und halb geschmeichelten Generation wohl wieder eine geprügelte kommen müsse, nicht wiederkehren. Die Schule ist in der That jetzt weitaus seltener eine Stätte der Antipatie, und die Zuckerbüte, diese übliche Pränumerandovergütung ge= prügelter Generationen, sucht bereits andere Wege auf, um in die Hand der Kinder zu gelangen. Aber noch immer ist, um mit Aristophanes zu reden, die Schule ein φροντιστήριον b. h. Sorgenort, noch immer ist sie keine schola, zu deutsch: Muße, kein ludus literarius, b. h. ein Ort für wissenschaftliches Spiel**). Die beutsche Schule ist — und das ist ihr Ruhm — eine Pflege= stätte der Intelligenz. Sie bewahre sich diesen Vorzug, betrachte ihn jedoch nicht als Frucht, sondern fasse ihn als Samen für eine höhere Ernte, die in der unab= weisbaren Forderung gipfelt: sittlich=religiöse Charakter= bildung. Aber es giebt keine Charakterbildung ohne die Gelegenheit zum Handeln, wie auch einst Wilhelm v. Humboldt, als er Minister war, aussprach: der Staat müsse bei der Jugend nichts so sehr begünstigen, als was zur Energie des Handelns führen könne***). Wohlan, gebe man dem Umgange Zeit und Raum, erzeuge man durch ihn auch in den sogenannten öffentlichen Schulen ein von sittlichem Geiste durchbrungenes Schulleben, wie es in so mancher geschlossenen Anstalt schon mit vielem Glücke er=

---

*) Die Familie. S. 162, 359.

**) Nach Rudolf Agricola, f. S t o y, Schrift und Jugend ꝛc. S. 10.

***) Wiese, a. a. O. 57.

strebt und von Scheibert in seiner höhern Bürgerschule*) in anregender Weise vorgezeichnet worden ist, erhebe man endlich die Zucht zu einem dem Unterrichte gleichberechtigten Faktor, mache man mit einem Worte die Schulen zu Erziehungsanstalten, dann wird — aber auch erst dann — der sittliche Fortschritt des Menschengeschlechts gesichert sein.

B. Bedingungen für den Umgang in der Schule.

Der Umgang mit den Tieren.

Die Privatanstalten haben schon mehr als einem ihrer Gegner das Bekenntnis entrissen, daß sie Pioniere des pädagogogischen Fortschrittes seien. Es dauert freilich lange, ehe die öffentlichen Schulen ihnen folgen. Das sieht man z. B. aus der Geschichte des Turnunterrichts, obgleich dieser es noch am weitesten, nämlich dahin gebracht hat, daß die Schulen anfangen, von ihm Notiz zu nehmen**). Andere Erziehungsmittel, die in kleinen Kreisen sich vortrefflich bewährt haben, sind inbezug auf ihre Verwendung von

---

*) Das Wesen und die Stellung der höhern Bürgerschule. Berlin, 1848.

**) Man vergesse dabei jedoch nicht, daß fast ein ganzes Jahrhundert zu diesem Assimilationsprozesse erforderlich war, und daß gleichwohl das Turnen gegenwärtig von seiner ihm zugehörigen Stellung noch weit entfernt ist. In vielen Schulen, besonders den höhern, ist dasselbe nur ein die freie Zeit des Zöglings beschränkender Appendix. Verfährt man ebenso mit allen denjenigen Lehrfächern, die mit zunehmender Bestimmtheit an die Schulpforten anklopfen und Einlaß verlangen, d. h. thut man nichts weiter, als daß man die Lehrstunden vermehrt uud die Freistunden der Zöglinge vermindert, dann möge ein gütiges Geschick alle Reformen des Schulwesens auch noch ferner zurückhalten.

öffentlichen Schulen noch gar nicht in Betracht gezogen
worden, und doch besteht der nächste Weg zur Reform
des öffentlichen Schulwesens darin, daß die Fortschritte
der Privatanstalten in die öffentlichen Schulen
hinübergetragen werden.

Bernhard Heinrich Blasche, Lehrer in Schnepfenthal,
hat an der Schwelle unsers Säkulums die Nachwelt mit
einem Werke beschenkt*), dessen Benutzung schon oft bringend
empfohlen worden ist. Wird es am Ende des 19. Jahr-
hunderts in den öffentlichen Schulen Eingang gefunden
haben? Bei dem starken Drucke, den die nur das Wissen
hervorhebende, dabei aber mit einer Menge von Privilegien
versehene Staatsschulpädagogik ausübt, ist dies wohl nur
zu erwarten, wenn ein besonders günstiger Stern über
dem deutschen Schulwesen aufgeht. Blasche, der in der
gesunden pädagogischen Atmosphäre Schnepfenthals wirkte
und lehrte, mußte natürlich auch der Pflege der Tiere
seine Aufmerksamkeit zuwenden. Wozu aber dies? wird
man fragen. Es ist nichts leichter, als die Vorschläge
Blasche's dem eingeschlagenen Gedankengange über den
Umgang anzuschließen. Erinnere man sich, daß das Mitgefühl der Schlüssel der Teilnahme ist. Dieses nach-
empfindende Merken auf die Gemütsregungen anderer ist
die Conditio sine qua non für das sympathetische Interesse.
Wo treten uns nun die in dem Innern entstehenden und
dort wieder verklingenden Gefühle und Empfindungen
reiner und unzweideutiger entgegen als in der Tierwelt?
Das sympathetische Interesse ist ein begleitendes Verweilen
bei den Gemütszuständen Anderer, es ist ein Übergehen
aus dem Merken ins Erwarten, Fordern und Handeln.

---

*) Werkstätte der Kinder. Gotha 1800.

Welcher Gemütszustand ist nun leichter zu erforschen und zu umspannen als der der Tierwelt? Hat man darum schon längst die Tiere in allerhand Bild= und Spielwerk dem Kinde nahegebracht und sind wir von einem ganz anderen Standpunkte aus*) zu der Annahme hingebrängt worden, daß soweit vom Unterrichte im Kindergarten die Rede sein kann, in der Oberstufe desselben die Tierfabel den Mittelpunkt einzunehmen hat, und gilt ein Gleiches auch für einen Teil der in die unterste Schulklasse ein= zuführenden Märchen, so müssen wir hier, um der Ein= fachheit der in der Tierwelt hervortretenden seelischen Zustände willen fordern, daß mindestens den Zöglingen des Kindergartens und der Elementarschule zum Umgange mit Tieren Gelegenheit und Veran= lassung geboten werde. Eine Schule also, welche sich vornimmt, den Umgang zu pflegen, wird, wenn es nicht möglich ist, sie mit einem Ökonomiehof in enge Berührung zu bringen, wenigstens einen kleinen Tierhof oder eine Vogelstube einzurichten haben.

Im Tierhofe mögen Hühner und Tauben, zahme Kaninchen, Meerschweinchen, einige Schafe und Ziegen, in besondern Käfigen Eichhörnchen und Raubvögel ihre regel= mäßige Verpflegung finden. In der Vogelstube mögen nach Blasche's Vorschlag**) „Vögel von mancherlei Art, teils frei auf dem Fußboden herumhüpfen oder laufen, wie der Goldammer, die Lerche, der Star, teils herum= fliegen, wie die muntere und possierliche Meise, teils in lichten Glockenbauern oder andern hübschen und reinlichen

---

*) Jahrbuch des Vereins für wissenschaftliche Pädagogik. Bd. II. S. 96 ff.

**) a. a. O. I. S. 12.

Käfigen an schicklichen Stellen des Zimmers aufgehangen sein, wie der Kanarienvogel, der Finke, Hänfling, Stieglitz u. s. w. Hier und da an der Wand und in den Ecken der Stube oder Kammer sind Tannen oder Fichtenbäumchen zu anmutigen Tummel= und Ruheplätzen für die befiederten Stubenbewohner angebracht. Neben den Bäumchen stehen auf bestimmten Plätzen die Futter=, Bade= und Trinknäpschen, erhöht auf kleinen Gestellen für die herumfliegenden, und unmittelbar auf dem Fußboden für die herumlaufenden Vögel. Längs der einen Wand des Zimmers steht eine lange aber niedrige Tafel mit mehreren Tischkästen versehen, die man mit Leichtigkeit heraus= und wieder hinein= schieben kann. Einer derselben ist zur Aufbewahrung einiger zweckmäßigen Instrumente für die Zubereitung des Futters und Reinigung der Käfige bestimmt, ein anderer enthält die zu dieser Absicht nötigen Gefäße, und die übrigen sind inwendig in mehrere Fächer abgeteilt, um darin die mannig= faltigen Futtermaterialien in gehöriger Ordnung abzuson= dern. Hier findet man Hanfsamen, Hirse, Fichten=, Rüb= und Kanariensamen, Mohn, Weizen, Hafer, Grütze, Gries und noch vielerlei andere Sämereien und Futtermaterialien in ziemlicher Quantität und schicklich nebeneinander ge= ordnet beisammen. Am Ende der Tafel ist eine Hanfmühle befestigt, deren Walzen von einem Haspel oder Kreuze von hinreichender Länge versehen sein müssen, so daß die Mühle auch mit einem schwachen Kinderarme mit Hilfe dieser Hebel leicht in Bewegung gesetzt werden kann. Am andern Ende steht zur Erhaltung der Reinlichkeit ein großer aber flacher Pappkasten, dieser dient als Behälter für die Unreinigkeiten beim Ausräumen der Käfige, welche man sonach während dieser zwar nicht angenehmen aber doch von Zeit zu Zeit nötigen Operation darauf stellen kann.

Die Käfige selbst endlich, welche zum Auffangen der Un=
reinigkeiten, und zugleich zur Verschönerung mit hübschen
aus Pappe gefertigten Bodenkästchen versehen werden, sind
etwa nahe am Fenster oder an Balken des Zimmers so
aufgehängt, daß man sie mittels angebrachter Rollen und
einer Schnure zur bequemen Fütterung leicht herablassen
kann. Will man zur Vollendung des Ganzen auch eine
Vogelhecke an irgend einem schicklichen Platze des Zimmers
anbringen, so ist es besto besser und wird das Interesse
durch die verschiedenen Auftritte der Fortpflanzung noch
mehr erhöhen und beleben."

Mit der Herrichtung der betreffenden Räumlichkeiten
und der Anschaffung der erforderlichen Tiere ist es freilich
nicht abgethan. Die Hauptsache ist ein geregeltes Herbei=
schaffen, Zubereiten und Darreichen des Futters, Instand=
halten der Tierbehälter, überhaupt die gesamte Pflege der
Schultiere. Daß dies wie nicht ohne Raum, so auch nicht
ohne einen entsprechenden Zeitaufwand zu bewerkstelligen
ist, liegt auf der Hand. Auch dürfen damit keineswegs
die Erholungspausen zwischen den Unterrichtsstunden oder
die Zeiten vor und nach der Schule, Ausnahmefälle ab=
gerechnet, belegt werden. Es gilt hier wie bei allen nach=
folgenden Vorschlägen die Regel, daß die Zöglinge dem
Elternhause nicht noch mehr entzogen werden dürfen, als
dies bereits jetzt schon geschieht. Darauf hin muß über=
haupt jede neue Einrichtung in der Schule geprüft werden,
und ist sie nur auf Kosten der freien Zeit des Zöglings
zu ermöglichen, so stelle man sie lieber so lange zurück,
bis es eine verbesserte Unterrichtsmethode gestattet, sie in
die gegebene Schulzeit aufzunehmen. Doch werden die nach=
folgenden Erörterungen mancherlei Fingerzeige darbieten,
um diesen Zeitpunkt näher heranzurücken.

Der Umgang der Kinder unter einander.

Das den Tieren am nächsten stehende Umgangsobjekt ist das Kind selbst. Das Kind spricht noch nicht die fremde Sprache des konventionellen Lebens. Es heuchelt nicht Teilnahme, wenn es Schadenfreude empfindet, es lächelt nicht, wenn ihm das Leid im Herzen wohnt, die Welt der Gefühle vermag es nicht, in die Maske der Gleich=gültigkeit zu hüllen. Noch ist Wahrheit in den Gesichts=zügen. Wort und Geste folgen dem Pulsschlage des Herzens. Welche Objekte könnten darum für den Umgang der Kinder geeigneter sein, als die Kinder selbst? Wie daher den Fabeln und Märchen Kulturstufen und Völkerzustände sich anzu=schließen haben, die den Charakter der Kindlichkeit an sich tragen, so müssen auch innerhalb der Schule Veranstaltungen getroffen werden, daß Kinder mit Kindern umgehen können.

Nehmen wir nun an, daß die Schule beinahe noch ganz familiär sei, so daß, wie dies beim Privatunterrichte zuweilen der Fall ist, nur sehr wenige Kinder mit einander umgehen, so wird notwendig Einseitigkeit eintreten. Denn wenn auch die Empfindungen des Einzelnen im allgemeinen den Empfindungen aller Menschen gleichen, so kommt es bei der Teilnahme, die der Umgang zu erzeugen hat, ge=rade auf die feinsten Unterschiede an*). Das einzelne Kind findet unter seinesgleichen manche seiner vielleicht wertvoll=sten Gefühle nicht reflektiert, oder es treten Gegensätze auf, welche die Verschmelzung der Gemüter verhindern. Ein größerer Kreis von Genossen hebt diesen Mangel auf, wenig=stens ist dann eher zu erwarten, daß sich das gleiche zum

---

*) Herbart, Werke B. X S. 58.

Gleichen findet. Soll daher der Umgang gute Früchte tragen, so ist zu demselben eine nicht zu geringe Anzahl von Kindern erforderlich. Wie viel? das läßt sich freilich selbst im konkreten Falle nur mit annähernder Bestimmtheit angeben.

Auf der andern Seite ist sicher, daß wenn zuviel Kinder mit einander in tägliche Berührnng kommen, wie dies in Klassen von sechzig und mehr Schülern der Fall ist, der Verkehr der einzelnen untereinander nur ein oberflächlicher sein kann, ein Umstand, der der anzustrebenden Tiefe der Empfindung offenbar in hohem Grade hinderlich ist. Um die nötigen Nuancen der Empfindung innerhalb eines gegebenen Kinderkreises zu gewinnen und die anzustrebende Verschmelzung der Gemüter zu ermöglichen, werden zum regelmäßigen Schulumgange 20, höchstens 30 Kinder vollständig hinreichen, und die Privatschulen haben, indem sie z. B. ihre Klassen auf diese von der öffentlichen Schule bis jetzt vergeblich angestrebte Zahl von Zöglingen beschränken, für den Umgang das Richtige getroffen. Niedriger wird die angegebene Zahl deshalb nicht gegriffen werden dürfen, da innerhalb einer jeden Kinderschar, auch wenn die unten angedeuteten Vorsichtsmaßregeln getroffen worden sind, ein nicht unbedeutender Prozentsatz antipathischer, dem nähern Umgange abgeneigter Naturen sich finden wird und da oft namentlich in größern Städten räumliche Hindernisse einem über die Schule hinausgreifenden Umgange entgegentreten.

Erhebt darum der Umgang Anspruch darauf, bei Feststellung der Schülerzahl einer Klasse gehört zu werden, so ists damit doch noch nicht genug; denn jeder wird sofort einwenden, daß wenn den Kindern keine Gelegenheit zum Umgange innerhalb der Klasse gegeben wird, auch eine normale Schülerzahl wenigstens für den Umgang ohne erhebliche Bedeutung sein werde. Man wende nicht ein, daß die Kinder in unbeaufsichtigten Zwischenstunden, auf dem Schulwege, zuhause und in schlechten Schulstunden wohl auch während des Unterrichts mit einander umgehen. Ein Umgang, der sich dem Auge der Erziehung entzieht, ist kein Umgang, den man verantworten kann. Ja er ist danach angethan, die gefährlichsten Produkte zu erzeugen und das ganze Erziehungswerk über den Haufen zu werfen.

Aber nicht bloß die Zahl, auch die in den Kindern selbst hervortretenden Verschiedenheiten sind für den Umgang von Bedeutung. Wir meinen zunächst das Alter der Zöglinge, denn es ist keineswegs gleichgültig, ob die auf den Unterricht angewiesenen Kinder inbezug auf ihr Alter mehr oder weniger differieren. Schon für den Unterricht ist es bekanntlich notwendig, daß möglichst gleichalterige Kinder gemeinschaftlich behandelt werden, doch verlangt dies auch der Umgang. Denn der Unterricht erzeugt mannigfaltige Gefühle, und es ist von hoher Bedeutung, daß das eigene Gefühl in anderer Herzen sich vervielfältigt, um gestärkt und gereinigt in sich selbst zurückzukehren: und dies ist nur bei gleichalterigen, nahezu auf gleicher Entwickelungsstufe stehenden Kindern mit Sicherheit zu erwarten. Dasselbe gilt für die Gefühle, welche aus den gemeinsamen Erlebnissen hervorgehen. Aus dem Umgange gleichalteriger Kinder wachsen darum auch gewöhnlich jene weit über die Schule hinaus reichenden Schülerfreundschaften hervor, die für die Charakterbildung so wichtig sind, und die nur dann die rechte Stärke nicht gewinnen können, wenn ein Kind durch oftmaligen Wechsel der Schule genötigt wird, sich immer wieder an andere Individuen anzuschließen.

Ist es darum auch vom Standpunkte des Umgangs nicht zu empfehlen, wenn, wie dies die Not von vielen Dorf= und Stadtschulen erheischt, mehrere Altersstufen zusammen unterrichtet werden, so wäre es doch ein offenbarer Nachteil, wenn nur gleichalterige Kinder mit einander verkehrten und der Umgang auf das Zusammentreffen innerhalb der Klassen beschränkt wäre, wie dies thatsächlich gegenwärtig in kinderreichen Schulen zur Notwendigkeit wird. Es muß schon hier der eminenten Wirkung des Beispiels gedacht werden. Eine Erfahrung, die in der Familie oft gemacht wird, ist, daß die Erziehung der jüngern Kinder viel leichter gelingt, wenn das älteste gut einschlägt. Es kann auch jede dem Umgange zugängliche Schule die Erfahrung machen, welcher Thomas Arnold, der berühmte Rektor von Rugby, in den Worten Ausdruck giebt: „Kann ich mich auf meine Sixth form verlassen, dann bin ich unbesorgt." Es blickt in der That der kleine Knabe in mancher Beziehung mit Recht auf den größern als auf ein Vorbild, dem er nachzuleben trachtet. Aber auch der letztere wendet nicht ohne Befruchtung für sein Gemütsleben den Blick auf den jüngern Kameraden, in dem für ihn verklungene Erinnerungen wieder aufwachen, gar nicht zu gedenken der werkthätigen Teilnahme, welche die in einem regen Schulleben nicht selten zu Tage tretende Hilfslosigkeit der Kleinen in älteren Zöglingen wachruft.

Darf es daher in keiner Schule an Gelegenheit fehlen, daß auch ungleichalterige Zöglinge mit einander umgehen, so ist vom Standpunkte des Umganges noch einer Verschiedenheit zu gedenken, nämlich der des Geschlechts. Es ist ein offenbarer Nachteil, wenn ein Umgang zwischen Knaben und Mädchen, der in der Familie von selbst sich bietet, in der Schule durchaus unmöglich gemacht wird, während namentlich den Lehrern recht wohl bekannt ist, was sie entbehren würden, wenn sie auf die Zucht, welche die beiden Geschlechter gegenseitig an sich üben, verzichten sollten*). Wäre darum ein möglichst ungezwungener Verkehr beider Geschlechter geboten, so darf doch die Gefahr, welche aus einem solchen Umgange namentlich in unseren gegenwärtigen Kulturverhältnissen leicht erwachsen kann, nicht gering angeschlagen werden, und diese Gefahr tritt mit der herannahenden Pubertät der Kinder ein. Der Individualitätsunterschied der Knaben und Mädchen ist jedoch, wie bekannt, nicht bloß im Geschlechte begründet. Wie der Bau der Fühler bei den Männchen und Weibchen der Schmetterlinge sehr verschieden ist, indem die der ersteren immer ausgebildeter sind als die der letzteren, so weichen auch die menschlichen Geschlechter in Perzeption und Apperzeption und in Verarbeitung eines und desselben Stoffes sehr von einander ab. Sehen wir von der Unterscheidung W. v. Humboldts**) ab, welcher der männlichen Natur mehr Selbstthätigkeit, der weiblichen mehr leidende Empfänglichkeit zuweist, so zeigt schon die verschiedene Richtung des Willens, welcher beiden Geschlechtern inne wohnt, auf eine verschiedene Behandlung hin. Das sittliche Ideal, der Idealmensch, den nach Jean Paul jeder in sich hat, verkörpert sich im Mädchen ganz anders als wie beim Knaben. Der Knabe strebt seiner Natur nach in die Weite, das öffentliche Leben ist, wenn auch in oft ganz verschiedener Weise, sein Kampfplatz. Das Mädchen sucht seinen Beruf in der Familie und wirkt von hier aus

---

*) Dörpfeld, die freie Schulgemeinde. S. 38; Hergangs Realencyklopädie. I. S. 786.

**) Gesammelte Werke IX. S. 381.

Barth, Umgang. 3. Aufl.

indirekt auf die Gestaltung der Gesellschaft*). Und wenn auch v. Palmer**) unstreitig recht hat, daß der Knabe dermaleinst nicht draußen bleiben, sondern des Hauses Heiligtum lieb behalten soll, so ist und bleibt doch der Unterschied in der Erziehung des Knaben und des Mädchens größer als jener Schriftsteller annimmt***). Darum werden wir uns auch wohl bescheiden müssen, daß der zu wünschende Umgang zwischen Knaben und Mädchen ein seltenerer zu sein hat, als innerhalb der betreffenden Geschlechter selbst. Unter diesen Umständen ist in Übereinstimmung mit v. Palmer†) ein Mittelweg geboten. So lange die Kinder auch in ihrer organischen Entwickelung noch Kinder sind, so lange namentlich noch nicht die künftige Berufsstellung in das Kindesgemüt hineinleuchtet, also bis zum 8., 9. Jahre, lasse man, das Turnen ausgenommen, die Geschlechter beisammen und gewähre der kranken Empfindelei und Gemütständelei, welche wie alle Hyperkultur auch auf diese Frage einzuwirken sucht, keinerlei Spielraum. Der Umgang zwischen Knaben und Mädchen wird, vorsichtige Behandlung vorausgesetzt, mannichfachen Segen ausstreuen. Älteren Knaben und Mädchen gestatte man nur den Verkehr bei dem Schulgottesdienste, den Schulfeierlichkeiten, sowie bei allen jenen Gelegenheiten, wobei die Schule als Gemeinde auftritt, so wie dies Salzmann in seiner Anstalt gethan hat††).

Dieser Vorschlag ist freilich nur da von Nutzen, wo gegenüber dem jetzt herrschenden Prinzipe der Massener-

---

*) Riehl, die Familie. S. 112 ff.
**) Evangelische Pädagogik. S. 311.
***) Stoy, Encyllopädie der Pädagogik. S. 107.
†) a. a. O. 545 ff.
††) Hergangs Realencyklopädie I. B. S. 787.

ziehung innerhalb einer wirklichen Schulgemeinde eine Artikulation der Erziehung ausführbar ist. Dann aber würden es die Schulverwaltungen, an welche, zumal nach unseren Vorschlägen, so große Ansprüche gestellt werden, mit Freuden begrüßen dürfen, wenn ihnen, wenigstens bei Einrichtung der Unterklassen, die Verschiedenheit der Geschlechter keine besonderen Schwierigkeiten bereitete.

Es müssen endlich noch andere Verschiedenheiten der Kindesnatur in Betracht gezogen werden, soll ein segenbringender Umgang nicht von vorn herein unmöglich gemacht werden; und hier ist es, wo wir ein Veto gegen die Verirrungen des Zeitgeistes erheben müssen, der einer einzelnen Idee, der Billigkeit, blindlings folgend, die anderen praktischen Ideen außer Augen läßt. Der Geist nämlich, welcher, um mit Riehl zu reden, die Ausebnung der Gesellschaft bezweckt, wendet, indem er die „berechtigten Eigentümlichkeiten" individueller Gestaltungen zu Boden tritt, mit wachsender Energie seine Nivellierungssucht der Schule zu. So hört man internationale Schulen preisen und Pensionate empfehlen, in denen alle denkbaren Nationalitäten vertreten sind, während es doch auf der Hand liegt, daß durch eine solche Zusammenwürfelung heterogener Elemente nur der Hader der Geist des Umgangs sein muß. Man strebt ferner, von derselben einseitigen Auffassung ausgehend, eine die Standes- und Bildungsverhältnisse der verschiedenen Familien ignorierende Nivellierung der Schulen an. Man fordert gleiche Schulen für ungleiche Kinder. Das Kind der Armut soll neben dem Sprößlinge wohlhabender Eltern, der rohe Gassenjunge neben dem an Sittsamkeit gewöhnten Knaben auf ein und derselben Schulbank sitzen. Streit und Zank, Neid und Mißgunst, Stolz und Dünkel, aber nicht Sympathie, Trennung nicht Ver-

schmelzung wird die Frucht dieser Gleichmachungstheorie
sein.*) Man pläbiert enblich für sog. konfessionslose
Schulen. Man will, daß Juden und Christen, evangelische
und katholische Kinder eine und dieselbe Schule besuchen.
Aber wie kann man hoffen, daß da, wo bei aller Toleranz
ein inniges Festhalten an Familiensitte, Konfession und
Religion besteht, der Umgang gedeiht, wenn man den
Gegensatz mit Haaren herbeizieht? Dem aufmerksamen
Beobachter zeigt es sich nur zu oft, daß innerhalb einer
jeden Kindergruppe noch mannichfache Umgangshindernisse
hervortreten. Erschwere man barum nicht ohne Not die
Verschmelzung der Gemüter. Der Begriff des Weltbürger=
tums, für den Gebildeten nicht ohne Inhalt, kann keine
Stätte da finden, wo, wie in den Schulen, der einzelne
noch so sehr am Besonderen hängt und kaum sich selbst,
viel weniger die Höhen der Menschheit zu überblicken
vermag. Wer in den klaren Quell der Humanität geschaut,
der verschmilzt als Mensch mit dem Menschen, mag dieser
einem Weltteile, einer Religion, einem Stande angehören,
welchem er wolle. Aber man mute diese tiefe, alle Menschen
umschlingende Sympathie nicht unreifen Schulknaben zu.
Man führe sie hin zu dieser Auffassung, aber man setze
sie nicht voraus. Man übe überhaupt nicht Gewalt. Die
Freiheit, die man selbst erstrebt, sei auch andern gegönnt.
Sonst schreitet, wenn, was zu befürchten ist, die Schule
infolge langer Knechtesdienste hierzu zu schwach geworden,
die Familie als die Hauptinteressentin am Schul=
wesen über die Parteien hinweg und organisiert sich,
sobald sie die Kraft der Selbstregierung erlangt haben

---

*) Vgl. Riehl, a. a. O. S. 163.

wird, eine Schule mit der Devise: My house is my castle.

Der Umgang zwischen Kindern und Erziehern.

Man wird der letzten Auseinandersetzung entgegenhalten, daß wenn auch möglichst homogene Kindernaturen zusammengebracht werden, im Verkehre derselben das Rohe, das Schlechte zu Tage treten und das gut geartete Kind zu schlechten Sitten gelangen werde. Es ist dies richtig und außerdem wahr, daß oft gerade die begabtesten Naturen darunter besonders leiden. Wie die weiche Haut der Frauen und Kinder den Insektenstichen am meisten ausgesetzt ist, so haftet auch bei sorgfältig gehüteten Kindernaturen ein roher Ausdruck am leichtesten an. Nicht jedes Kind versteht es, sich wie Goethe (s. Wahrheit und Dichtung) durch derbe Zurückweisung, oder wie die Alpenpflanze durch Anlegung eines leichten Pelzanflugs vor den rauhen Eindrücken der Außenwelt zu schützen. Gleichwohl wäre es ganz ungerechtfertigt, dieser Schattenseite wegen — und eine solche ist es — den Umgang der Kinder unter einander beschränken zu wollen. Wir können uns und unsere Kinder von dem Schlechten nun einmal nicht gänzlich fern halten. Sollten aber auch einige Atome von dem Kohlenstaube des Lebens zu früh an der kindlichen Seele haften bleiben, so vergesse man dabei der Diamanten nicht, die aus dem Schmelzprozeß des Umgangs hervorgehen. Im elterlichen Hause gilt öfter eine Albernheit des Kindes für Witz, und eine Portion Eigensinn wird für Geisteskraft gehalten. Der Eitle und Eingebildete findet oft nicht den rechten Spiegel, der ihm sein wahres Bild zurückwürfe. Anders beim Umgange der Kinder unter einander. Hier herrscht die Aufrichtigkeit, die reine, ungeschminkte Wahrheit, hier gilt das berühmte γνῶϑι σαυτόν. Man beachte, wie genau, wie sicher sich die Kinder nicht nur gegenseitig abschätzen — denn das thun die Erwachsenen auch — sondern sich dies auch sagen. Das Alberne wird albern, das Unrecht Unrecht genannt. Der Faule, der Langschläfer, der Schlemmer, der Schleicher, der Rechthaberische, der Eitle wird als solcher ziemlich bald erkannt, entlarvt, zurecht= gewiesen, wie denn auch der Fleißige, der Gutmütige, der Unverdrossene wenn auch kein Lob, so doch sicher stille Anerkennung und im gegebenen Falle rückhaltslose Ver= teidigung findet.*) So wird, wie Wiese treffend bemerkt,**) der Charakter vorbereitet, die Stürme des späteren Lebens zu ertragen.

Bei allebem vergesse man jedoch die Hauptsache nicht. Ein Stein, von der Berghalde in den Waldbach hinab= gestürzt, wird bei seinem Forttreiben im Flusse eine den gegebenen Verhältnissen entsprechende Gestalt annehmen, ein Kunstprodukt wird er jedoch nur in der Hand des Zweck und Mittel wohl bedenkenden Künstlers. So kann auch der Umgang der Zöglinge unter einander nur dann seine unwiderstehliche Macht äußern, wenn der Geist der Gemeinschaft nach dieser Richtung hin determiniert worden ist. Mit einem Worte: Soll der Umgang die rechten Früchte tragen, so muß unter den Ungebildeten nicht nur ein Gebildeter, sondern ein Bildner, unter den Unerzogenen, nicht nur ein Erzogener, sondern ein Er= zieher sich befinden. Hiermit sind wir dem Mittelpunkte unserer Betrachtung ein gutes Stück näher gerückt: Es ist der Erzieher in seiner absichtlichen Einwirkung auf

---

*) Man vergleiche die schöne, warm und treu empfundene Dar= stellung Crebner's, die Stoy'sche Erziehungsanstalt in Jena 1869. —
**) a. a. O. S. 28.

die Charakterbildnng der Zöglinge. Aber auch hier gilt es erst Hindernisse wegzuräumen, denn soll es dem Erzieher gestattet sein, tiefgehende Einbrücke in der werdenden Persönlichkeit des Zöglings hervorzurufen, muß er selbst in des Wortes bester Bedeutung ein Gegenstand des Umgangs sein. Diese Forderung giebt Veranlassung mehrere der oben gestellten Bedingungen auf ihn zu übertragen.

Die Schule bietet ein Zusammensein möglichst homogener Elemente, alle näheren Bestimmungen fehlen noch. Eins läßt sich jedoch schon jetzt bestimmen: die Zahl der an die Zöglinge herantretenden Erzieher ist nicht gleichgültig. Erscheinen zuviel Erzieher in dem Umgangshorizonte des Zöglings, sei es, daß das Fachlehrersystem*) auf die Spitze gestellt ist, oder daß ein zu häufiger Wechsel im Schulkollegium stattfindet**), so ist offenbar, daß die Berührung nur eine flüchtige, vorübergehende, die Teilnahme nur eine sehr geteilte sein kann. Kommen hinwiederum zu wenig Erzieher mit dem Zöglinge in Berührung, ist letzterer, wie dies in vielen Dorfschulen der Fall ist oder nach dem Vorschlage des Regierungsrates Graff***)

---

*) v. Palmer's (a. a. O. S. 541) beherzigenswerter Vorschlag, das Fachlehrersystem in Gymnasien und Realschulen wenigstens bis zum vierzehnten Jahre zu vermeiden, (vgl. hiermit Herbart W. XI. S. 202 ff.) kann wohl erst dann annähernd realisiert werden, wenn die pädagogische Bildung der zukünftigen Gymnasial- und Realschullehrer auf akademischen mit Übungsschulen verbundenen Seminaren gewonnen wird, wie sie Herbart in Königsberg eingerichtet hatte und wie sie gegenwärtig Stoy in Jena und Ziller in Leipzig anstreben.

**) Vgl. damit Stoy, Encyklopädie S. 241. —

***) Derselbe geht bekanntlich dahin (vgl. die noch jetzt in hohem Grade beherzigenswerte Beurteilung des Graffschen Planes

eintreten würde, während der ganzen Schulzeit an eine einzige Persönlichkeit angewiesen, so liegt, auch wenn der Erzieher die Fähigkeit besitzt, nach verschiedenen Seiten hin Sympathie zu erregen, die Gefahr nahe, daß nicht wenig Zöglinge von dem veredelnden Umgange unberührt bleiben und sich zur Entschädigung dafür andere vielleicht gefährliche Umgangsgelegenheiten schaffen. Wird demnach eine gewissenhafte Schulverwaltung darauf bedacht sein müssen, daß wenigstens successiv verschiedene erziehende Persönlichkeiten und zwar so an den Zögling herantreten können, daß die Sympathisierenden unter allen Umständen Gelegenheit finden, zusammenzutreffen, auch wenn sie nicht durch den Unterricht zusammengeführt werden, und ist wie z. B. bei der Dorfschule mindestens auf eine aus der Mitte der Gemeinde kommende, bei freien Schulver= hältnissen*) von selbst sich darbietende Ergänzung Bedacht zu nehmen, so wird sie es auch, was übrigens die Natur der Verhältnisse in der Regel schon von selbst mitbringt, nur mit Freude begrüßen, wenn auch innerhalb des Schul= kollegiums verschiedene Altersstufen vertreten sind. Wie es für den Erzieher selbst notwendig ist, mit Kindern verschiedenen Alters in Berührung zu kommen, — der Erzieher der Oberklassen, um jung zu bleiben mit den Kindern; der der Unterklassen, um an die Wichtigkeit seiner den Anfängen gewidmeten Thätigkeit immer von neuem erinnert zu werden — so werden auch die Zöglinge von einem der Drangperiode der Jugend noch nahestehenden

---

von Herbart, W. XI. S. 267 ff.), daß ein und derselbe Lehrer das Kind sozusagen von seiner Aufnahme bis zu seiner Entlassung von Klasse zu Klasse begleiten soll. —

    *) Dörpfeld, die freie Schulgemeinde.

jungen Manne anders angesprochen als von einem Greise, der bei aller Vorzüglichkeit doch immerhin einen großen Teil seiner Hoffnungen zu Grabe getragen hat. Auch die von der Wissenschaft bereits beantwortete, durch die Not der Umstände aber immer wieder von neuem auf= tauchende Frage, ob und inwieweit Erzieherinnen der Schule anzugehören haben, kann nicht unberührt bleiben. Ist es dem praktischen Vorgehen der Staatsgewalten gegen= über*) entschieden, daß das Terrain der Erzieherin nur bis an die Elementarklasse und wenn darüber, nur in den die Berufsbildung ins Auge fassenden Nebenklassen statt= haft ist,**) so erhellt doch von selbst, daß vom eigent= lichen Schulunterricht abgesehen, dem Einflusse weiblicher, unter männlicher Aufsicht wirkender Erziehungskräfte vor= zugsweise in der Mädchenschule noch ein größerer Spiel= raum verschafft werden muß.

Zum Schlusse ist noch der Hindernisse zu gedenken, die durch den verschiedenen Bildungsgang, die Nationali= tät, Konfession und Religion der Erzieher in den Schul= umgang hineingetragen werden können. Wir dürfen hier kurz sein, denn obgleich uns auch da brennende Zeitfragen entgegentreten, so gestattet doch der Umstand, daß die Bildung erfahrungsmäßig selbst tiefgehende Unterschiede ausebnet, nicht, aus den Prinzipien des Umgangs allein zwingende Konsequenzen zu ziehen. Gleichwohl dürfte manche sonst vielleicht fremdartige Erscheinung vom Stand=

---

*) In Preußen unterrichteten im J. 1867, 1755 Lehrerinnen an öffentlichen Schulen und es bestehen seit 1832, wo Bormann das erste Lehrerinnen = Seminar auf Regierungsantrag gründete, bereits 37 Bildungsanstalten für Lehrerinnen und Erzieherinnen. (Süddeutscher Schulbote 1870. Nr. 2). —

**) v. Palmer, a. a. O. S. 467. Ziller, Grundlegung. S. 206.

punkte des Umgangs eine nicht zu unterschätzende Be=
leuchtung erhalten. So strebt man jetzt mit Recht nach
einer bessern Volksschullehrerbilbung. Es ist aber auch
schon vielfach gesagt worden, daß derjenige, welcher eine
höhere Bildung erlangt hat, sich mit einer Dorfschulmeister=
stelle schwerlich begnügen wird. Eben so sicher ist es, daß
derjenige, welcher als Landschullehrer, gleichviel auf welchem
Wege, einen höheren Grad von Bildung gewonnen hat,
entweder die beengende Umgangssphäre des Dorfes ver=
läßt und den Bildungssitzen des Landes zueilt, oder so
gestellt sein will, daß er, dem Dorfpfarrer gleich, in Büchern
und Instrumenten oder auf Reisen einen angemessenen Um=
gang sich verschaffen kann. Die Lehrerbilbungsfrage ist,
mag auch immer der Wahn politischer Leidenschaft daran
beteiligt gewesen sein, eine Geldfrage; dies wolle man
wohl bedenken. Unter wahrhaft Gebildeten entscheidet be=
kanntlich nicht die Bildungsstätte, auf der man erzogen
worden ist. Bei alledem muß man es natürlich finden,
daß der Gelehrte nicht die Dorfschule und der Volksschul=
seminarist nicht die Gelehrtenschule aufsucht, und daß die
Dorfschule nicht nach einem Gelehrten und die Gelehrten=
schule nicht nach einem Seminaristen Verlangen trägt.
So wird auch ein geborener Franzose oder Engländer in
einer beutschen Schule nur dann segensreich zu wirken ver=
mögen, wenn ihm ein Schulkollegium zur Seite steht, das
sich seiner nationalen Mission bewußt ist und wenn außer=
bem der Betreffende beutschen Geist und beutsche Bildung
zu würbigen versteht. Ein Gleiches gilt, wenn ein Lehrer
einer andern Konfession oder Religion angehört als die
ist, welche bei der Errichtung der Schule vorzugsweise thätig
gewesen ist. Ist der religiöse Charakter einer Schule nicht
bereits verwischt, (was leider vielfach der Fall ist) so wird

offenbar ein Katholik oder ein Jude evangelischen Zöglingen lange nicht so nahe treten, als ein in denselben Sitten und Anschauungen aufgewachsener evangelischer Lehrer. Von diesem Standpunkte aus kann man es auch erklärlich finden, wenn protestantische, katholische oder jüdische Schulen Lehrer anderer Konfession oder Religion von sich fern halten, und daß sie protestieren, wenn man sie dazu zwingen will. Ob freilich damit der Schule jetzt noch ein wesentlicher Dienst geleistet wird, nachdem man mit dem Umgange alle erzieherischen Thätigkeit in engerem Sinne aus den Schulanstalten verbannt hat, ob namentlich auch die Universitäten, nachdem sie zu bloßen Lehranstalten herabgesunken sind, recht thun, Dozenten anderer Konfession und Religion die akademische Thätigkeit zu verweigern: das ist gegenüber dem gänzlichen Verfall aller auf die Charakter= bildung der Studierenden berechneten Maßregeln eine so irrelevante Frage, daß es nicht der Mühe lohnt, sie ernst= lich in Erwägung zu ziehen.

Der Umgang und die Schule.

Nachdem die Bedingungen aufgesucht worden sind, welche im Umgange der Zöglinge unter einander und mit den Erziehern zur Geltung zu bringen sind, müssen die Forderungen in Betracht gezogen werden, welche von dem Umgange an die Schule überhaupt zu stellen sind. Es ist schon darauf hingedeutet worden, daß wenn auch durch Fernhaltung disparater Elemente ein möglichst homogener Schulcötus zustande gebracht worden ist, noch genug Individualitätsunterschiede übrig bleiben*), die je nach den Umständen den Geist des Umgangs ebenso befruchten wie

---

*) Man vgl. hierbei den gehaltvollen Vortrag Scheibert's, der Kern der Erziehungsfrage. S. 6 ff.

verberben können. Vergegenwärtigt man sich nun den Zweck der Erziehung auf der einen und die Aufgabe der Schule auf der andern Seite, so muß der unbefangene Beurteiler das Bekenntnis ablegen: die Schulerziehung ist ein Problem, dessen Lösung die allergrößesten Anstrengungen erheischt.

Eine durch angeborene und Naturanlagen bestimmte Individualität soll durch eine verhältnismäßig lange Reihe von Mittelglieder zum sittlich-religiösen Charakter erzogen werden. Dies ist die Aufgabe der Erziehung. Nun ist aber nicht bloß Ein Kind, es sind viele Kinder zu erziehen, von denen jedes seine besondere Individualität hat, zur Lösung der Erziehungsaufgabe also sicherlich mindestens eine Anzahl besonderer Mittelglieder bedarf. Gleichwohl sollen d'ese Kinder gemeinsam erzogen werden, denn darum eben hat man Schulen gegründet. Es ist sicher, daß wenn, was selbstverständlich ist, jedes Kind, ohne Ausnahme, dem Erziehungszwecke zugeführt werden und keines in Nachteil geraten soll, dies eine Riesenaufgabe ist, die nur erfüllt werden kann, wenn einem an die Individualitäten eng sich anschließenden Unterrichte eine Zucht zur Seite geht, die jedem einzelnen Zöglinge gerecht wird. Ein hervorragendes Medium, durch welches eine solche Zucht an das einzelne, der Schule ebenso wie der Familie unter strengster Verantwortlichkeit übergebene Individuum gelangen kann, ist ohne Zweifel der Umgang, über dessen Berechtigung innerhalb der Schule demnach kein Zweifel mehr erhoben werden sollte.

Vergleicht man hiermit die Schule der Gegenwart, so muß ohne weiteres die Frage entstehen, ob bei Errichtung derselben die oben entwickelten Gesichtspunkte auch nur vorübergehend in Betracht gezogen worden sind.

Man sehe die überfüllten Klassen an; sechzig, wohl auch siebzig, achtzig in Einem Raume zusammengepferchte, des erziehenden Umgangs in hohem Grade bedürftige Kinder — und nur Ein Erzieher in ihrer Mitte! Ist es unter diesen Umständen selbst dem besten Erzieher überhaupt nur möglich mit seiner Teilnahme an das einzelne Kind heranzukommen, geschweige Raum zu gewinnen im Herzen, und ist es auf der andern Seite dem Kinde möglich, für seinen ihm doch immerhin fernbleibenden Erzieher Teilnahme zu empfinden, geschweige sie zu äußern und zu bethätigen? Nun erst die ganze Anstalt mit ihren Parallelklassen, ihren oft mehr als Tausend Zöglingen! Wie ist es da einem Erzieher, auch einem solchen, der nicht bloß Stundengeber ist, möglich, ein jedes der von ihm ein Jahr lang „erzogenen" Kinder (der Menschen= freund gestatte diesen Ausdruck) auf seinem weitern Bil= dungswege zu verfolgen, da es ihm ja ganz aus dem Ge= sichte kommt? Wie ist es ihm möglich, für ein Kind, das aus einer untern Klasse in die seinige tritt, Teilnahme zu empfinden, da ihm ja keine Gelegenheit werden konnte, dasselbe kennen zu lernen? Und wie kann endlich der Vorsteher einer solchen Schule, auch wenn er nicht durch Bureaudienste vollständig in Anspruch genommen würde, nur die Namen so vieler Kinder merken, geschweige daß er, wie es seine ihm von Gott auferlegte Pflicht fordert, jedes Kind von der Aufnahme bis zum Abgange mit seiner helfenden, tröstenden, kurz allezeit förbernden Teil= nahme zu begleiten vermag?*) Wie kann in solchen

---

*) Und doch hat man seinerzeit in Leipzig den Vorschlag, die 1. Bezirksschule, welche bereits mehr als 2000 Kinder zählte, durch Flügelanbaue zu vergrößern, beifällig angehört, statt ihn mit Entrüstung zurückzuweisen.

Schulkasernen, wie sie Dörpfeld, in solchen Schulkolossen, wie sie Körbitz in der sächs. Schulzeitung (1869) nennt*), wie kann in solchen Anstalten für Massenerziehung an einen ersprießlichen, dem einzelnen Kinde zu gute kommenden Umgang, wie kann an eine Pflege des gesellschaftlichen und religiösen Interesse gedacht werden, da eine Kommunikation der einzelnen Klassenkörper untereinander, ein Auftreten der Schule als ganzes unmöglich ist? Fürwahr sollte dieser auf andern Gebieten unsers Gesellschaftslebens schon seit langer Zeit herrschende Größenwahn auf dem Gebiete der Schule weitere Dimensionen annehmen, so führe man offen eine allgemeine Nummerierung der Kinder ein, denn daß diese in den bestehenden Schulfabriken jetzt schon fast wie eine Ware aus einer Hand in die andere gehen, dürfte kein Unbefangener in Abrede stellen**).

So steht es auf dem Gebiete des Volksschulwesens. Etwas besser sind die höheren Schulen, die Gymnasien und Realschulen gestellt. Aber auch hier arbeitet man auf möglichst vielköpfige Schulen hin, und manche Rektoren und Direktoren sollen geradezu einen Ruhm, ein Zugeständnis ihrer pädagogischen Tüchtigkeit in der wachsenden Zahl der Zöglinge erblicken, während sie den oft mehr von finanziellen als pädagogischen Rücksichten geleiteten Schulverwaltungen gegenüber mit Energie und Unerschrockenheit die Einrichtung oder Begünstigung anderer

---

*) Eine Parallele hierzu bieten die „Wohnungskasernen", gegen welche Riehl (a. a. O., S. 341) mit siegreichen Waffen zu Felde zieht.

**) Ein ernstes, beherzigenswertes, weil aus eigener Erfahrung kommendes Wort hat hierüber der frühere Leipziger Schuldirektor und jetzige Schulrat Möbius gesprochen im fünften Jahresbericht über das Lehrerseminar zu Gotha. 1869—70. S. 22 ff.

gleichartiger Schulen empfehlen sollten*). Man ist eben auch hier von der Sucht nach großen Schulanstalten ergriffen und es wird nicht Wunder nehmen dürfen, wenn schließlich auch die Universitätsprofessoren kommen und den Beweis zu liefern suchen, daß die größten Universitäten die besten sind.

Spreche man es darum nur offen aus: Massenerziehung ist das Losungswort unserer Zeit. Wie im politischen Leben die „berechtigten Eigentümlichkeiten" ganzer Volksgruppen ignoriert werden, so vernachlässigt man in der Schulerziehung mitten in der Masse den einzelnen, auf den es im Grunde doch eigentlich ankommt. Im günstigsten Falle wird für die Bildung der Intelligenz gesorgt, doch zu einer, die sittlich-religiöse Charakterbildnng ins Auge fassenden Erziehung sind selbst die höhern Schulen noch nicht vorgedrungen; gleichwohl beruht hierauf vorzugsweise der sittliche Fortschritt des Menschengeschlechts.

Erhebe darum jeder seine Stimme zu dem Rufe: Zertrümmert die Schulkolosse der Gegenwart**). Fürwahr es bleibt dann noch genug zu thun, bis die Praxis zu einer gerechten Würdigung der Individualität gelangt. Denn so lange die Schulen groß bleiben, wie sie gegenwärtig sind, ist an eine praktische Ausführung pädagogischer Theorien nicht zu denken.

Man führe nicht den steuerzahlenden Bürger gegen diese Forderung ins Feld. Wir versichern diesem auf grund

---

*) Leipzig ist so glücklich, zwei Gymnasien, jedes mit einer normalen Schülerzahl zu besitzen. Und doch konnte die Verschmelzung dieser beiden Anstalten zu einer Monstreanstalt empfohlen werden!

**) Wir denken uns Volksschulen mit 500, höhere Schulen mit höchstens 300 Zöglingen.

eigener Erlebnisse nicht nur unser Mitgefühl, sondern auch unsere Teilnahme. Auch kennen wir recht wohl die Ansprüche, welche zur Förderung unprobuktiver Zwecke an jeben Einzelnen gestellt werden. Aber wir wissen auch, daß eine auf dem Prinzipe der Selbstverwaltung anzustrebenbe Reform der Schulverfassung manche Schwierigkeiten heben wird, die jetzt noch bestehen. Gelingt es, biese Reform in die richtigen Pfabe zu leiten, bann wird bei besseren Schuleinrichtungen als die gegenwärtigen, die Steuerkraft des Einzelnen weniger in Anspruch genommen werben als jetzt, wo die Lasten ungleich verteilt sind unb die Verwaltung der Schulangelegenheiten in den Händen der Bureaukratie sich befinbet *).

---

*) Wir verweisen hier auf einen „Zur Abwehr unb Aufklärung" überschriebenen Artikel bes Leipziger Tageblatts vom 10. März 1868, in welchem es inbezug auf Leipzig heißt: „Unserm Leipzig würde die Anwendung der Theorie bes Selfgovernements auf die Schulen sehr zustatten kommen. Das jetzt so gut wie ganz totgetretene Interesse für bas Schulwesen (samt ben hieraus fließenden freiwilligen pekuniären Beisteuern) würde innerhalb der Familien von neuem aufgefrischt. Den Direktoren könnten eine Menge von bureaukratischen Geschäften, bie ihre Zeit zum Nachteile der Schule absorbieren, abgenommen werden unb die Schule selbst würde lange nicht so teuer zu stehen kommen, als bies gegenwärtig der Fall ist. Denn die Schulgemeinbe würbe wie ein Privatmann billiger bauen, kaufen, verwalten u. s. w. als eine Stabt- ober Staatsbehörbe; wie es benn auch einer die höheren Schulen verwaltenden Kreis- ober Provinzialschulsynobe nicht einfallen würbe zu verlangen, baß eine Stabt alles zum Bau unb zur Unterhaltung von Gymnasien unb Realschulen bestreiten soll, die der Provinz zu gute kommen". — In Dresben sucht man neuerbings bas städtische Budget baburch zu erleichtern, daß man Privatschulen, welche für höhere Bilbung sorgen unb sich hierbei bewähren, unterstützt. Es ist bies in der That ein Weg, die städtischen Zuschüsse zum Schulwesen (Leipzig zahlt jährlich 160,000 Thlr.) zu verminbern.

Es muß überhaupt der Familie das ihr zustehende Recht der Teilnahme an den Angelegenheiten des öffentlichen Schulwesens, auch des höhern*), verschafft werden. Damit soll natürlich nicht gesagt sein, daß nun jede einzelne Familie ohne weiteres in die Schulangelegenheiten hineinreden dürfe. Aber daß die aus der Gesamtheit der Familien gewonnenen Organe der Schulgemeinde das Recht erlangen, nicht bloß die äußeren, sondern auch die innern Angelegenheiten der Schule kontrolieren zu dürfen, dies verlangt Heckenhayn*) mit dem vollen Anspruch auf Giltigkeit. Gelingt es nun, der Familie jenen Einfluß auf die Schule zu verschaffen, der ihr von rechtswegen schon längst gebührt, dann wird jeder auf Ignorierung der einzelnen Kinderindividualitäten oder auf Anwendung von

---

Eine gründliche Reform wird aber erst dann eintreten, wenn sich (natürlich unter obrigkeitlicher Kontrole) einzelne Schulgemeinden bilden und diesen die Erhaltung und Verwaltung der in ihren Bezirken befindlichen Schulen übertragen wird. Die Stadt wird freilich als Gesamtschulgemeinde auch dann noch Zuschüsse gewähren müssen, aber sicherlich nicht in der jetzigen Höhe! Was aber vom pädagogischen Standpunkte für uns die Hauptsache ist, das besteht darin, daß die Familie der Schule wieder näher gebracht und diese mit jener stets Fühlung behalten würde.

*) Obgleich sich dieses (Zillers Grundlegung S. 61) von der ursprünglichen einfachen natürlichen Gestalt der Familienerziehung am weitesten entfernt. Wenn übrigens v. Palmer (Schmidts Encyklopädie Bd. VII, S. 940 gegen Dörpfeld (die freie Schulgemeinde) bemerkt, daß ein Gymnasium nicht unter einem Familienrate stehen könne, so wird diese Ansicht keinerlei Widerspruch finden. Er übersieht dabei nur, daß dieser das Gymnasium sowohl wie die Realschule unter die Provinzialschulgemeinde, in welcher die Familie durch Schulälteste vertreten ist (a. a. O. S. 136 ff. 148) stellt.

*) Die Schulgemeinde ꝛc. Programm der Sekundar- und ersten Bürgerschule zu Eisenach 1856. S. 8.

Maſſenerziehung berechneten Maßregel von ſeiten der Fami=
lienvertreter ein entſchiedenes Veto entgegengeſetzt werden,
zumal wenn, wie wir ergänzend vorſchlagen, der Schule
ein aus Schulgemeindemitgliedern gebildeter Familienverein
zur Seite ſtünde, der durch die Preſſe unterſtützt, den Schul=
angelegenheiten ebenſo wie den damit verwandten kirchlichen,
ſeine ungeteilte Aufmerkſamkeit zuwendete.

Die Gegenwart iſt noch weit entfernt von ſolchen Ein=
richtungen, da der Sinn für Selbſtregierung und Selbſt=
verwaltung bei uns noch in der Wiege liegt. Sicherlich
wird aber dereinſt eine mit der Familie verbundene Schul=
verwaltung auch dahin arbeiten, daß ein möglichſt inniger
Verkehr zwiſchen Schule und Elternhaus ſtattfindet. Und
wie daher die Familie in treuer Sorgfalt für ihre Ange=
hörigen beim Wohnungswechſel die Lage der Schule im
Auge behalten wird, ſo wird auch die von der Familie
inſpirierte Schulverwaltung darauf achten, daß die Woh=
nungen der Erzieher, den Vorſteher eingerechnet, wenn nicht
in dem Schulgebäude ſelbſt, ſo doch in unmittelbarer Nähe
desſelben vielleicht in den um den Schulhof und Schul=
ſpielplatz ſich herumziehenden Nebengebäuden ſich befinden,
damit, was unſere als Barbaren verſchrieenen Altvordern
ſehr wohl zu würdigen mußten, dem Umgange zwiſchen
Zöglingen und Erziehern, den Erziehern untereinander,
überhaupt dem Verkehr der Schulgemeinde*) ſoviel als mög=

---

*) Auf wie ganz entgegengeſetzten Wegen man gegenwärtig wandelt,
zeigen die hartnäckigen Streitigkeiten, welche vor einigen Jahren zwiſchen
dem Rat und den Stadtverordneten Leipzigs ſtattfanden, in welchen
die letztern darauf beſtanden, daß die Schuldirektoren in den neuzu=
bauenden Schulgebäuden nicht wohnen, ſondern nur ein Amtszimmer
erhalten ſollten. Zum Schaden der Schule iſt dieſe Anſicht jetzt voll=
ſtändig durchgebrungen.

lich Vorschub geleistet werde. Es ist eben des Spielplatzes gedacht worden. Fürwahr eine vom Familiengeiste durchdrungene Schulverwaltung wird es als ein Verbrechen gegen den erziehenden Umgang wie gegen das Wort mens sana in corpore sano ansehen, wenn die Jugend in den Zwischenpausen des Unterrichts auf Korridor und Pissoir oder im günstigsten Falle auf ein militärisches Herumgehen innerhalb eines engen Hofraums beschränkt ist. Es wird endlich eine nicht durch die Brille einer aktenverstäubten Bureaukratie sehende Schulverwaltung an ihrem eigenen Herzschlage erkennen, daß nur der Umgang für die Schuljugend ein fruchtbarer ist, der von seiten des Erziehers mit freier, heiterer Stirn, mit frohem, jugendfrischem Herzen dargeboten wird. Nun ist es zwar gewiß, daß jene Heiterkeit des Gemüts nicht vom Geldbeutel abhängt. Es ist jedoch anderseits auch hinlänglich bekannt, daß derjenige, welcher unaufhörlich von Lebenssorgen bedrückt wird, nur zu leicht jene für den Pädagogen unumgänglich notwendige Gemütsstimmung verliert, ohne welche aller Umgang zwischen Erziehern und Zöglingen durch das Sprichwort über den Haufen geworfen wird: Jung bei jung und alt bei alt, denn was jung ist, das spielt gern und was alt ist, das brummt gern.

C. Der Umgang und die Interessen der Teilnahme.

Das sympathetische Interesse.

Es sind in obigem die Bedingungen erörtert worden, welche an den Schulumgang zu stellen sind. Jetzt gilt es, positive Vorschläge zunächst darüber zu machen, inwieweit durch den Umgang in der Schule das sympathetische Interesse Pflege und Förderung zu finden hat.

Indem wir zu diesem Behufe unter stetem Hinblick auf die vier Stufen des Interesse die im ersten Abschnitte gewonnenen Sätze sozusagen als Regulatoren benutzen, ist zunächst wieder ins Auge zu fassen, daß die Schule für die meisten Zöglinge keine freigewählte, sondern eine mehr oder weniger aufgedrungene Gemeinschaft ist. Die erste Aufgabe ist, die Schüler dahin zu determinieren, daß sie die Schule als eine freigewählte Gemeinschaft betrachten. Die Kinder müssen gern in die Schule gehen und, sind sie hier, sich wohl fühlen. Es wäre in hohem Grade Unrecht in Abrede stellen zu wollen, daß gar viele Schulen dieses Ziel wenigstens inbezug auf die meisten Zöglinge der Kleinkinderschule (Kindergarten) wie der Elementar=klassen erreichen. Es ist jedoch auch bemerkt worden, daß dieser Schuleifer mit den Jahren merklich nachläßt, sowie daß es nicht wenige Kinder giebt, die in der ihnen fremden Welt der Schule, auch wenn ihneu der Lehrer vom Hause nicht als Popanz hingestellt worden ist, sich lange Zeit un=heimlich fühlen und nur schwer zum Anschluß an ihre Kameraden gebracht werden können. Für solche Zöglinge dürfte ein kleiner Tierhof ein vortreffliches Bindemittel ab=geben. Zu den Insassen desselben fühlen sie sich ohne weiteres sympathisch hingezogen, was ja auch natürlich ist, da die Tiere, zumal wenn das Kind einen Teil seines Frühstücks darreicht, eine so leicht verständliche Sprache reden.

Es dürfte überhaupt eine Anzahl von Haustieren, der Schuljugend in einer zweckmäßigen Auswahl zur Pflege dargeboten, den ersten Kursus für die Bildung des sym=pathetischen Interesse abzugeben haben. Die Zöglinge des Kindergartens wie der Elementarschule haben, wenn auch in beschränktem Grade, schon mannigfache Gemütserlebnisse gehabt; auch sind sie gewiß nicht ohne alle Kenntnis von den sinnlich wahrnehmbaren Äußerungen ihrer Gefühle geblieben. Es gilt nun, diese Zeichen an der Tierwelt wiederzuerkennen, sie mit den an sich selbst wahrgenommenen zu assoziieren und damit die Bahn zu eröffnen, in den Gefühlszustand der Tiere selbst hinabzusteigen. Werden sich hierzu diejenigen Tiere, welche wie die Ziegen und Schafe ihre Begierden in sehr wahrnehmbarer Weise zu unserer Kenntnis bringen, für den Anfang am besten eignen, so müssen die Kinder doch auch bald dahin gebracht werden, daß sie die Sprache anderer Tiere, wie das ängstliche Suchen der Kaninchen, das Herumhüpfen der Eichhörnchen, das Scharren der Hühner, aber auch die Freude beim Empfang des Futters, beim Schutz gegen Regen und Kälte u. s. w. verstehen. Sie müssen Verständnis für die Ungeduld gewinnen, die jene Tiere empfinden, wenn die fütternde Person auch nur von ferne sich zeigt, sowie für die Lust, wenn die Begierde Befriedigung findet. Dies ist die Stufe des Merkens, welche durch eine möglichst breite über den Tierhof hinausgehende, an den Spaziergang und an den Besuch von Ökonomiehöfen sich anschließende Anschauung, durch Assoziation mit neuen Selbsterlebnissen, durch erweiterte Betrachtung mittels geeigneter Lektüre, endlich durch dramatische Nachbildungen von Tierscenen ausgebildet werden muß. Aber das Mitgefühl soll sich zur Teilnahme ausbilden. Daher muß die in das Fordern und Handeln hinüberzubildende Erwartung erweckt werden, daß die der Pflege anvertrauten Tiere neuen Bedürfnissen entgegengehen, weshalb die Herbeischaffung und Zubereitung des Futters, das Herrichten warmer Behälter im Winter, schattiger Plätzchen im Sommer eine Hauptsorge der Kinderwelt zu bilden hat. Das über den Tier=

hof hinaus wachgerufene Mitgefühl wird sich an strengen Wintertagen der uns treubleibenden Sperlinge erinnern und es werden sich daher die einzelnen Klassen zu regelmäßigen der Beobachtung zugänglichen Fütterungen verpflichtet fühlen.

So lernen die Kinder außer einem guten Stück Erkenntnis einen kleinen Kreis von Gefühlen umspannen, denn die Reihe, welche sich innerhalb der Tierwelt der Teilnahme darbietet, läßt sich wenigstens für eine Anzahl von Tieren bald durchlaufen. Jedenfalls werden die Kinder ihre Tiere bald recht lieb gewinnen, ja sie werden, wenn zumal den größern Elementarschülern auch das Anbringen von Raupenkästen*) (vielleicht in Verbindung mit einer kleinen Seidenraupenzucht) ermöglicht wird, bald dahin kommen, daß sie selbst solchen Tieren, die wie die Raupe fast gar keinen Gefühlsausdruck darbieten, ihre Teilnahme für alle Zukunft bewahren. Daß hiermit zugleich der Tierquälerei auf kräftige Weise entgegengearbeitet würde, liegt auf der Hand, und schon deshalb sollte jede Schule einen kleinen Viehhof oder eine Vogelstube haben. Wenn freilich, wie Strümpell**) mit Recht rügt, über die zur Gemütsbildung gehörigen geistigen Zustände nur „gesprochen wird," wenn nach einer Sächs. Kult. Ministerialverordnung vom 1. April 1842 die Kinder über das Unmoralische der Tierquälerei sowie nach einer gleichen Verordnung von gedachter hoher Stelle vom 18. September 1852, über das Verbot, das Zerstören von Vogelnestern betr. nur „belehrt" und „verständigt" werden, dann ist keine nachhaltige Wirkung zu erwarten.

---

*) Blasche, a. a. O. S. 56 ff.
**) Erziehungsfragen. S. 65.

Ein Hauptgrund, weswegen sich manche Zöglinge in der Schule anfangs nicht recht heimisch fühlen und, wenn überhaupt, erst spät die aufgenötigte Gemeinschaft zu einer freigewählten machen, besteht darin, daß sich die einzelnen Schulangehörigen anfangs fremd gegenüberstehen, wenn nicht, was zu wünschen, bez. zu begünstigen ist, die Eltern für eine Annäherung der Kinder unter einander und mit dem Erzieher gesorgt haben. In allen Fällen hat daher die Schule als solche dafür einzustehen, daß sich, sobald als möglich, sämtliche Schulangehörige nicht bloß den Namen nach kennen lernen. Der Vorsteher wird demnach bei der Übergabe der Kinder von seiten der Eltern eine möglichst genaue Lebensgeschichte des neuen Zöglings sich zu verschaffen suchen und diese seinem Schulkollegium mitteilen. Es wird ferner seine Aufgabe sein dafür zu sorgen, daß die Aufnahme öffentlich d. h. in Gegenwart des ganzen Schulcötus und nicht bloß eines Teils desselben, erfolgt*). Es sind nicht nur die Namen der neuen Zöglinge, es sind auch, soweit als thunlich, ihre Antecedentien, ihre Verwandtschaftsverhältnisse mit dem einen oder andern der Schule bereits angehörigen Zöglinge zu nennen, und bei dem Akte der Aufnahme ist ihnen eine solche Stellung anzuweisen, daß sie von allen Schulangehörigen gesehen werden können. Da die Zöglinge bei der Aufnahme nicht genötigt sind, ihre Namen selbst zu nennen, so wird eine bei der Einführung derselben in die Schulgemeinde stattfindende Feierlichkeit den Verzagten und Schüchternen nicht

---

*) Mit Recht verlangt daher auch Berndt, (Stimmen aus der Berliner Lehrerwelt, Heft III. S. 37), daß die Entlassung von Konfirmanden vor der ganzen Schule stattzufinden hat. —

niederbrücken. Etwas anders ist dies*) bei der hierauf stattfindenden Einführung des Schülers in seine Klasse. Hier muß sogleich die Unterhaltung, welche als Vehikel des analytischen Unterrichts**) und mindestens als Form des Elementarunterrichts***) festzuhalten ist, eintreten, und es ist des Umgangs wegen (in der Anfangsklasse auch des= halb, weil es der erste Gesinnungsstoff verlangt†) darauf hinzuarbeiten, daß sich sobald als möglich alle Klassen= angehörige näher kennen lernen, was bei der Annahme kleiner Klassen unschwer zu erreichen sein dürfte. Hierbei darf man jedoch nicht stehen bleiben. Nicht bloß die Zög= linge einer Klasse, sondern alle Schulangehörige sollen sich kennen lernen. Darum sind Gelegenheiten zu schaffen, daß die bei der Aufnahme angelegte Bekanntschaft weiter fortgesetzt werden kann. Zu diesem Behufe sind daher die Versammlungen der ganzen Schule innerhalb des Schulsaals eher zu vermehren, als zu vermindern. Es hat, wenn irgend thunlich der Wochenanfang wie der Wochenschluß ein gemeinschaftlicher und dabei doch auch ein solcher zu sein, daß das Hervortreten einzelner mög= lich ist. Zu andern Anknüpfungen dient der Spielplatz, der nur wenn verschiedene Geschlechter vorhanden sind zu trennen ist; vor allem aber müssen Spaziergänge, Aus= flüge, Schulfeierlichkeiten und Schulfeste den Anschluß der einzelnen Schulangehörigen befördern.

Mit dem bloßen Kennenlernen ist freilich noch wenig erreicht. Soll der Umgang wirklich gedeihen, so müssen noch ganz andere Hilfen herbeigezogen werden. Vor allem

---

*) Vgl. Ziller, Jahrb. f. wissenschaftl. Pädagogik I. S. 44.
**) Herbart W. X. S. 104.
***) Ziller, Jahrbuch rc. I. a. a. O.
†) Ders., Jahrbuch rc. I. S. 45.

ist der Umgang zu erörtern, der innerhalb jener Schul=
thätigkeit stattzufinden hat, die unter allen Umständen, auch
wenn die Bildung der Intelligenz nicht als alleinige Auf=
gabe der Schule betrachtet wird, einen hervorragenden
Teil derselben auszumachen hat, wir meinen den Unter=
richt. Der Umgang ist Bewegung. Er verlangt, soll er
zur Teilnahme führen, Gelegenheit zum freien Anschluß
des Einzelnen an den Einzelnen, er verlangt Veranlassungen,
daß das Interesse an die Erlebnisse, Auffassungen und
Betrachtungsweisen anderer sich anheften und zur Begleitung
Stab und Stütze finden kann. Es bietet hierzu der Klassen=
unterricht, den wir dabei voraussetzen, ein ausgezeichnetes
Hilfsmittel dadurch dar, daß er bei normalen Verhältnissen
eine Anzahl von Zöglingen mit ihren Erziehern mindestens
ein Jahr wenn nicht noch länger zusammenhält und damit
der Vertiefung in die Individualität eines jeden einzelnen
hinreichende Gelegenheit verschafft. Nun ist es zwar wahr,
selbst bei einer zweckwidrigen Unterrichtsmethode wird es
nicht am Anschlusse einzelner unter einander fehlen, aber
ebenso gewiß ist es, daß es für den Umgang und seine
erzieherische Wirkung nicht gleichgültig ist, nach welcher
Methode der Unterricht erteilt wird. Es ist hier nicht
am Platze, die verschiedenen Unterrichtsmethoden, welche es
giebt, aufzuzählen und zu charakterisieren; es wird hin=
reichen, wenn auf den Unterschied der geistigen Thätigkeit
hingewiesen wird, der bei ihnen in Betracht kommt. Wird
z. B. der Bildungsstoff immer nur so dargeboten, daß nicht
ein Selbsterfassen, sondern ein Überliefern die Aufgabe ist,
wird andererseits nur in der Weise entwickelt, daß wie
Scheibert sagt*), die Schüler bloß als Orgelpfeifen er=

---

*) Die höhere Bürgerschule. S. 264.

scheinen, durch welche die Grammatik und das Schulbuch geblasen wird, oder sozusagen einzelne Klaviertasten sind, bei deren Anschlagen jeder einzelne einen bestimmten Ton — aber auch nicht mehr — zum Ganzen darbietet, statt daß das Ganze in jedem einzelnen zur Entwickelung gelangt: so ist dies für den Umgang offenbar etwas ganz anderes, als wenn ein reales Objekt vorgelegt und die Herausarbeitung des darin befindlichen Bildungsstoffs vom Zöglinge selbst verlangt wird. Bei der zuletzt genannten Lehrmethode, die ein bloß gedächtnismäßiges Erlernen ausschließt und ein selbstthätiges Erfassen des Gegenstandes verlangt, kann sich selbstverständlich ein Umgang viel leichter entwickeln, denn hier begegnen sich die Zöglinge auf den Wegen der ihnen zugemuteten freien Geistesarbeit, sie treten unter sich und mit dem Erzieher in einen geistigen Rapport, der die Vorstellungen entbindet, die Zungen löst und zur Hervorkehrung des innersten Wesens Veranlassung giebt. Bei einer solchen Arbeit tritt wie bei dem eine ähnliche Geistesthätigkeit hervorrufenden Erfahrungsunterrichte Scheiberts*) „der Schüler mit seinem ganzen Dasein auf und bringt seine Anschauungen, Gedanken, Bestrebungen, Wünsche und Begierden, Urteile und Empfindungen vor seine Mitschüler, und die jungen Blüten schließen sich vor einander gleichsam auf. Das bringt Teilnahme an Erlebnissen der Genossen und enthüllt unwillkürlich den Reichtum der jugendlichen Gemüter und schließt an einander, indem jeder bald das Beste bringt und im Geben dieses Besten seine Freude findet.“

Ein Hauptvehikel des Umganges ist das Gespräch, die Unterhaltung und es dürfte ein nicht zu unterschätzender

---

*) Die höhere Bürgerschule, a. a. O.

Fingerzeig sein, daß Herbart für einen Teil des Unter=
richts, den analytischen, die Gesprächsform als notwendig
erachtet. Es ist freilich wahr, ein erfolgreicher Unterricht
kann ohne straffe Disziplin nicht erteilt, und jede Störung,
jede Unfertigkeit muß in ihren Schranken gehalten werden.
Aber ebenso wahr ist es, daß die beste Disziplin der=
jenige ausübt, der freisteigende Vorstellungen zu entlocken,
sie festzuhalten und zweckmäßig zu verwenden versteht.
Wer in der Form eines jugendlich=frischen dabei aber doch
gehalt= und würdevollen Umgangs das freie Interesse
seiner Zöglinge zu erwecken, zu fesseln und zu veredeln
vermag, wer es mit einem Worte dahin bringt, daß die
Zöglinge den Druck der Regierung gar nicht empfinden:
der wird nicht nur dem Unterricht nützen, sondern auch
dem Teile der Erziehung, auf den es hier vorzugsweise
ankommt, er wird der Zucht die besten Bausteine
liefern. Es ist fernerhin wahr, die Mitteilung von
Wissenschaften ist ein Hauptgeschäft der Schule und es
verlangen diese einen hohen Grad von Vertiefung
und Sammlung. Aber man meine nicht, daß nur das
Unterricht sei, wobei der Schüler tüchtig zu schreiben,
zu rechnen und auswendig zu lernen habe. Der Um=
fang des Unterrichts ist ein viel weiterer als man gegen=
wärtig anzunehmen gewohnt ist. Es ist ein zweckmäßiger
Verkehr im Freien, im Garten, in Wald und Flur,
in der Schulwerkstatt, in der Werkstätte eines Berufsar=
beiters, in einer Fabrik; es ist ein Spaziergang, eine Reise,
es ist endlich außer dem Turnen das Spiel, mindestens
das ernsthafte Spiel, ein vollberechtigter Unterricht, sobald
der betreffenden Beschäftigung eine absichtliche planmäßige
Thätigkeit seitens des Erziehers zu Grunde liegt und
dem Zöglinge dadurch ein höherer Grad von Bildung ge=

geben wird*). Dies ist aber auch zugleich ein solcher Unterricht, der die Zöglinge mit einander und mit ihrem Erzieher in enge Berührung bringt und damit jenen Umgang befördert, auf den es uns hier ankommt. Wir werden auf diese freien Unterrichtsbethätigungen noch mehrere Male zurückzukommen haben. Hier sei nur bemerkt, wie ein solcher die engen Schranken der Schulstube verlassende Unterricht mannigfache, auf der Schulbank nun und nimmermehr zu gewinnende Erlebnisse herbeiführt, die, weil sie unentbehrlich sind zum Verständnis menschlicher Gemütszustände, allein schon auf die Notwendigkeit solcher freien Bethätigungen hinweisen. Die Bildung der Teilnahme wird es in der That als einen großen Gewinn ansehen wenn, jedes Übermaß selbstverständlich bei Seite gesetzt, die Zöglinge verschiedene angenehme und unangenehme Gefühle und Empfindungen in eigner Person erwerben und inbezug auf Hunger und Durst, Hitze und Kälte wirkliche Erfahrungen sammeln.

Erhalten die Zöglinge durch einen solchen Unterricht vielfache Gelegenheit zu geistiger Berührung, treten sich damit die Individuen, die einander anfangs gänzlich fremd waren, näher, hat vielleicht der eine oder andere bereits Interesse gewonnen an der Lebensgeschichte, den Lebensverhältnissen seines Mitschülers, so ist der Umgang in Fluß gebracht worden und es lassen sich weitere Überlegungen anschließen. Bei den gemeinsamen Aufgaben, die in der Schule zu lösen sind, stellt sich sehr bald eine Ungleichheit der Kräfte heraus. Dem einen fällt diese, dem andern jene Seite des Unterrichts schwer, er fühlt sich mehr als einmal ratlos und verlassen den an ihn

---

*) Ziller, Grundlegung. §. 5.

herantretenden Anforderungen gegenüber, und er sieht sich am Weiterschreiten behindert, wenn ihm nicht von befreundeter Seite Hilfe und Beistand wird. Da muß nun der befähigtere Schüler dem schwächeren zur Seite treten. Sei es, daß sich ein Kleiner das Schulgebet nicht merken kann, daß einzelne Reihen aus dem kleinen oder großen Einmaleins nicht zur Festigkeit gelangen, oder daß einem andern das Erlernen der Vokabeln, die Aussprache im Französischen oder Englischen besonders schwer fällt oder ihm die Präparationen aus dem Lexicon, die Ansätze beim Rechenunterricht nicht gelingen wollen, oder ihm das Aufsuchen von Namen auf der Landkarte, das Nachzeichnen gegebener geometrischer Konstruktionen Schwierigkeiten macht. In allen diesen und vielen ähnlichen Fällen möge der Erzieher zu freiwilliger Hilfsleistung auffordern und er wird, dessen sei er versichert, niemals vergebens bitten. Wir haben mehr als einmal zu sehen Gelegenheit gehabt, wie ein solcher zum Beistand aufgeforderter Schüler mit Freudigkeit selbst die zur Erholung bestimmten Zwischenpausen aufopferte nur um seinen Mitschülern das, was die nächste Stunde verlangte, zur Zufriedenheit des Erziehers beizubringen. Und wie gespannt hört ein Knabe, welcher seinem Mitschüler auf diese Weise half, zu, wenn der ihm anvertraute Zögling gefragt wird, wie herzlich freut er sich, wenn diesem die Antwort gelingt. Scheibert hat recht, wenn er, der von einem andern Standpunkte aus zu gleichen Vorschlägen kommt, begeistert ausruft: „Es ist um die Bemühung für andere eine ganz eigene Sache, sie schmeckt so nach Christentum und trägt darum auch eine solche Frucht*).

---

*) Die höhere Bürgerschule. S. 258.

In noch viel höherem Grade wird nun aber der sich als Stellvertreter des Vaters fühlende Erzieher, wenn er den Umgang mit klarem Bewußtsein in den Dienst der Erziehung stellt, den einzelnen Zögling an sich her= anzuziehen vermögen. Wie er ein gern gesehener Gast der Eltern seiner Zöglinge ist, so will er auch in der Schule nur der ältere Freund, der mündige Berater, Helfer und Kamerad der ihn umgebenden Unmündigen sein. Er wird daher am liebsten seine Zöglinge mit den vom Zauber der Familienstube umwobenen Vornamen anreden und darauf halten, daß ihm jeder beim Kommen und Gehen die Hand darreicht. Versagt er selbst einmal die Hand, ruft er das Kind mit dem Vatersnamen, so muß dies als empfindliche Strafe aufgefaßt werden*). Der Erzieher hält, weil es das konventionelle Leben nun einmal verlangt, streng darauf, daß der Zögling beim Grüßen auf dem Schulhofe 2c. vor ihm die Mütze ab= nimmt. Aber noch lieber ist es ihm, und er freut sich dessen im Stillen, wenn derselbe auf ihn zuspringt, ihm unter herzlichem Zurufe kräftig die Hände schüttelt, oder ihn zutraulich anfaßt; denn dann ist er sicher, daß er im Herzen desselben eine feste Position gewonnen hat, und daß jede Korrektur, welche der Zögling von seiten des Erziehers erfährt, nicht als ein zudringlicher Eingriff sondern als ein Freundschaftsdienst erscheint**). Stellt sich der Erzieher in ein solches Verhältnis zu seinen Zög= lingen, dann kann es zwar kommen, daß selbst gebildete

---

*) Vergl. die schöne Darstellung eines Lehrerlebens von F. Stolle. (Die Familie des Generals von Pulverauch oder: Ein Frühling auf dem Lande. 1864).
**) Stoy, Encyklopädie, S. 99, 236.

Laien, die in ihrer Jugend die Wohlthat eines solchen Schulumganges an sich nicht erfahren und die Lehrer nur immer in unnahbarer Ferne gesehen haben, an einem solchem „korbialen Umgange“ Anstoß nehmen und denselben als ein Schwäche bezeichnen, während hierin eigentlich der Gipfel erzieherischer Kunst zu suchen ist: denn es ist viel leichter, die Kinder fernzuhalten, als bei Aufrechthaltung des nötigen Respekts korbial zu sein. Wiese*) teilt die treffende Bemerkung mit, daß ihm bei seinem Besuche englischer und schottischer Schulen die Zöglinge nicht anders erschienen, wenn er sie mit dem Rektor auf dem Spielplatze oder in der Speisehalle, oder in der Bibliothek, oder auf ihren Wohnstuben aufsuchte, und wiederum wenn sie ihm auf ihren Ferienreisen im Bahnwagen begegneten. So sehr deutsche Pädagogen hierüber die Nase rümpfen mögen, so ist dies in unseren Augen das höchste Lob, welches der englischen Erziehung erteilt werden kann, denn sie bezeichnet das Vorhandensein jener kindlichen Aufrichtigkeit und Wahrhaftigkeit**), die selbst auf die Gefahr hin, daß sich der Zögling einmal in seinen Umgangsformen vergreifen sollte als die Grundbedingung aller Erziehung zu betrachten und zu pflegen ist; und sie läßt sich nur in einem offenen Verkehre, in einem innigen Umgange pflegen.

Besonders bei dem obenerwähnten freieren Unterrichte, man denke an die Reisen, hat der Erzieher Gelegenheit, sich als Berater, Helfer und Kamerad zu zeigen, denn wie oft wird hier seine teilnehmende Gesinnung, sein

---

*) Stoy, Encyklopädie. S. 15.
**) Vergl. Bartholomäi, Herr Curtmann und die Gemütsbildung. S. 45.

Wohlwollen, sein Rechts= und Billigkeitsgefühl, seine Geistes = und Körperkraft in Anspruch genommen. Es muß freilich vorausgesetzt werden, daß er für die äußeren Zeichen der Gefühle und Empfindungen seiner Umgebung ein eben so offenes Auge wie schnelles Verständnis habe. Er muß die Bedürfnisse seiner Zöglinge kennen und genau so wie ein Vater sorgen. Vom höheren Standpunkte der Zucht aus wird er wohl manche launenhafte Begierde der Kindesnatur zurückzudrängen, er wird auch manche Hilfeleistung, die der Zögling sich selbst verschaffen kann, von der Hand zu weisen haben. Aber wo sie nötig und möglich ist, da wird er sie, selbst mit Aufopferung, gewähren. Das Prinzip der Hilfeleistuug wird er besonders auch im engern Unterrichte zur Geltung bringen. Fürwahr, es muß auch vom Standpunkte des Umgangs jenes rohe Verfahren mit aller Strenge verdammt werden, welches den schwächeren Zögling sich selbst überläßt und statt der gebotenen freundschaftlichen und brüderlichen Nachhilfe nur das strafende Dableiben oder nach Ablauf eines Jahres das Diktum: „Muß sitzen bleiben", kennt. Es werden freilich nebenbei alle jene Maßregeln ergriffen werden müssen, die darauf wirken, daß die Zöglinge einer Klasse möglichst gleichmäßig fortschreiten, denn an die Opferwilligkeit eines Erziehers werden unter allen Umständen ganz enorme Ansprüche gestellt, und nichts kann die Freudigkeit desselben mehr niederdrücken, als wenn er es mit vielen schwachen Zöglingen zu thun hat. Leichter wird es ihm fallen, befähigteren Schülern die Wohlthat seines Umgangs zu schenken, denn ein Umgang mit Kindern, welche von lebhaftem Interesse durchdringen sind, ist weitaus das Schönste, was einem Erzieher werden kann. Es ist aber auch derjenige, welcher in seinem

Unterrichte, gleichviel auf welchem Gebiete, Interesse zu erwecken vermag, vorzugsweise zum Umgange geeignet. Da fühlt sich ein Knabe veranlaßt, eine Reihe von physikalischen oder chemischen Experimenten für sich zu studieren, da interessiert sich ein anderer für eine Geschichtsperiode oder eine einzelne Person derselben. Diese Gelegenheit darf der Erzieher nur benutzen, indem er dem Zöglinge Fingerzeige giebt, er darf den für die beschreibenden Naturwissenschaften sich Interessierenden nur zuweilen zur Besichtigung seiner Sammlungen einladen, oder ihn an seinen Privatexkursionen Teil nehmen lassen, und es ist ein Bund geschlossen, der leicht zu einem unauflöslichen gemacht werden kann.

Zur Fortbildung des Interesse und zu geeigneter Anschauung für den Einzelumgang darf freilich die Schule selbst nicht ohne Hilfsmittel sein. Es muß mindestens eine die verschiedenen Bildungsbedürfnisse ins Auge fassende Schülerbibliothek zur Verfügung stehen, damit der Erzieher durch Empfehlung bez. Darreichung von Büchern und Bildwerken und durch gelegentliche Besprechung über ihren Inhalt neue Anknüpfungspunkte zum Privatverkehre gewinne. Allerdings muß dann jeder einzelne Erzieher auch wissen, welche Gegenstände in der Schule zu erlangen sind, damit er sie an der rechten Stelle im Unterrichte empfehlen und die Wirkung der damit vorgenommenen Studien kontrollieren bez. berichtigten kann. Eine nach pädagogischen Grundsätzen eingerichtete und verwaltete Schülerbibliothek ist aber auch aus einem andern Grunde für die Bildung der Teilnahme unerläßlich. Der stete Umgang der Zöglinge unter einander und mit den Erziehern erschöpft sich nach und nach. Das Interesse verzehrt, wie Herbart treffend sagt*), gleichsam seine Gegenstände. Wie daher ein Zögling gleichgültig gegen eine Unterrichtsdisziplin wird, die jahraus jahrein dasselbe bietet**), so bringt auch ein Verkehr, der an der Scholle kleben bleibt, Abspannung und Langeweile hervor. Daher die Forderung nach Ergänzung des Umgangs. Es müssen neue Personen in den Horizont des Zöglings hineingerückt werden, die, da die Umgebung erschöpft ist, nirgends anders gesucht werden können als in der Lektüre. Aber die Welt der Bücher ist groß, in ihr sich zu verirren leicht, wenn die Schule des Kompasses ermangelt. Nun wohlan, was soll durch die Lektüre bezweckt werden? Doch nur Umgang mit umgangswürdigen Personen, also solchen, die den Zögling erheben aus dem Staube des gemeinen Lebens, ihn einführen in mustergültige Verhältnisse und mit der stillen Gewalt der Schönheit gestaltend auf ihn einwirken. Solchen Umgang gewährt die Lektüre der klassischen Historiker und Dichter, und vor allem die Bibel. Fürwahr es ist das Ideal der menschlichen Persönlichkeit, es ist Christus, der einst in historischer Realität unter uns gewandelt und ein ebenso göttliches als wahrhaft menschliches Leben geführt hat, der durch das mündliche, bildliche und gedruckte Wort in den Mittelpunkt des Umgangs hineinzustellen ist. Hier hat wie überhaupt bei der Ergänzung des Umgangs, dem Beispiele die Lehre zur Seite zu treten. Es ist der Unterricht, der die von dem Umgange gezogenen Gleise zu vertiefen und weiter fortzuführen hat. Doch dies führt über die Grenzen dieser Schrift hinaus.

---

*) W. XI. S. 284.

**) Man denke hier z. B. an jede nicht durch Altersstufen getrennte Schule.

Das gesellschaftliche Interesse.

Soll das gesellschaftliche Interesse außer durch den Unterricht auch durch den Umgang erweckt und weiter gebildet werden, so würde es eigentlich wünschenswert sein, wenn nach dem vielfach zitierten Goetheschen Spruche:

Es bildet ein Talent sich in der Stille,
Sich ein Charakter in dem Strom der Welt,

die Schule selbst eine Gesellschaft wäre. Aber dies ist nicht der Fall. Zwar das Merkmal des räumlichen Zusammen, welches Nahlowsky*) für nötig, Strümpell**) für gleichgültig erklärt, bietet dieselbe dar. Aber wie steht es mit dem Haupterfordernis einer jeden Gesellschaft, dem gemeinsamen Zwecke? Die Erzieher haben die Absicht zu erziehen, die Zöglinge bestenfalls die, erzogen zu werden; ein gemeinsamer Zweck, zumal ein solcher, der wie es eine gesellschaftliche Persönlichkeit verlangt***), mit Bewußtsein von allen Gliedern der Gesellschaft in aktiver Weise erstrebt wird†), liegt nicht vor. Anders gestaltet sich die Frage, wenn man von den Zöglingen absieht und nur diejenigen vereinigt denkt, die in der Erziehung der Kinder einen gemeinsamen Zweck erkennen. Es sind dies die mit den Erziehern verbundenen Familien, welche eine Schulgemeinde bilden††). Innerhalb dieser Vereinigung sind die Zög-

---

*) Grundzüge zur Lehre von der Gesellschaft. S. 1.

**) Vorschule der Ethik. S. 248.

***) Hartenstein, die Grundbegriffe der ethischen Wissenschaften. S. 32, 388.

†) Nahlowsky, a. a. O. S. 3.

††) Die Polemik v. Palmer's (Schmid's Encyklopädie VII. S. 939) gegen Dörpfeld ist auch hier am unrechten Orte, denn das Merkmal des Lernens kommt dem Begriffe der Schulgemeinde ebensowenig zu wie der Familie.

linge, ebenſo wie die Kinder in der Familie, nur ſolche Elemente, die der beſtehenden Kollektivperſon zureifen bez. als lebendige Glieder zuzuführen ſind. Wenn man daher von einer weitern und engern Schulgemeinde ſpricht*), ſo iſt der letztere Ausdruck nur dann ſtatthaft, wenn er in Gegenwart der geſamten Schule und einer Anzahl von Familien oder Repräſentanten derſelben gebraucht wird, oder aber wenn die Zöglinge als ſolche vorgeſtellt werden, die ſich an einzelnen, dem Geſamtziel der Schulgemeinde untergeordneten Zwecken in Verbindung mit den Erziehern in aktiver Weiſe beteiligen.

Daß der Erzieher zu einer ſolchen Annahme wohl be=rechtigt iſt, zeigen die Erfahrungen ſolcher Schulen, die ſich eines regen Schullebens erfreuen, und hier iſt es denn auch, wo der das geſellſchaftliche Intereſſe ins Auge faſſende Umgang anzuknüpfen hat. Doch wird man auf eine große Verſchiedenheit der innerhalb der Schule anzuſtrebenden geſellſchaftlichen Zwecke gefaßt ſein müſſen, denn ſo gewiß es nicht an Gelegenheiten fehlen wird, bei welchen alle Zöglinge in einem Zwecke ſich vereinigen, ſo ſicher iſt zu erwarten, daß die Primaner unter ſich andere gemeinſame Zwecke verfolgen werden, als die Sextaner, und dieſe wieder andere als die Elementarſchüler.

Indem wir mit den engeren Vereinigungen beginnen, werden wir gleichſam von ſelbſt auf die einzelnen Klaſſen verwieſen, in welchen ſchon des Unterrichts wegen mehrere Zöglinge miteinander zu verkehren haben. Nur darf man nicht gleich ſoweit gehen wie Scheibert**), der den Klaſſen=

---

*) Vergl. Heckenhayn a. a. O.
**) a. a. O. § 68.

unterricht selbst als einen von den Zöglingen zu erfassenden gemeinsamen Zweck hinstellt und jede Störung und Hemmung desselben auch von diesem Standpunkte aus gerügt haben will. Nach mehrfachen Erfahrungen dürfte eine solche Zwecksetzung günstigstenfalls erst in den obersten Klassen höherer Schulen zu erwarten sein. Andere Zwecke dagegen, die Scheibert der Klassengemeinde zuweist, adoptieren wir mit Freuden und wünschen ihnen die weiteste Anwendung. Es sei zunächst die Instandhaltung der Klasse erwähnt, denn den Wunsch, daß es in dem täglichen Aufenthaltsorte der Zöglinge stets sauber und ordentlich aussehe, sowie daß der Unterricht selbst ohne äußerliche Störung verlaufe, werden, wenn der Geist der Schule nicht ein ganz schlechter ist, selbst die jüngsten Schulangehörigen sehr bald zu dem ihrigen machen. Es versteht sich von selbst, daß damit nicht in die Obliegenheiten des Schuldieners eingegriffen werden soll; was aber durch die Hand der Schüler geschehen kann, das muß, in feste Ordnung gebracht, geschehen. Darum sind die Klassenverrichtungen zu bestimmt abgegrenzten Ämtern zu machen*). Es möge der beste Schüler das Tagebuch führen, der beste Rechner die fehlenden Stunden ausziehen**). Wer am regelmäßigsten die Schule besucht, mag die Fehlenden melden, wer seine Arbeiten stets pünktlich abliefert, mag die Hefte einsammeln u. s. w. So möge das Instandhalten der Wandtafel, der Schulutensilien, der Tische und Bänke, die Ordnung am Kleiderhaken, die Herbeischaffung des Trinkwassers; beim Turnen das Herbei- und Hinwegschaffen der Geräte ꝛc., bei

---

*) Bartholomäi, a. a. O. S. 47.

**) Scheibert, a. a. O. S. 225. Bei den Oberklassen ließen sich hieran interessante statistische Arbeiten knüpfen.

Spaziergängen und Klassenreisen das Nachbringen der Schwachen, das Kontrollieren der Lagerplätze, das Erteilen von Signalen; in der Werkstatt und bei der Gartenarbeit das Austeilen und Einsammeln der Schürzen, Werkzeuge und Geräte durch Klassenämter so geregelt sein, daß successive ein jeder Zögling seinen Teil zum Gedeihen und Fortschreiten des Ganzen beiträgt*). Eine zu einem solchen Gemeinschaftsleben erzogene Klasse wird es auch bald als einen gemeinsamen Zweck erachten, das Klassenzimmer noch besonders auszuschmücken. So wird es, namentlich wenn die zur Blumenzucht vorgeschrittenen Klassen ein Tausch- oder Kaufgeschäft mit Samen, Pflänzchen u. f. w. eröffnen, das ganze Jahr hindurch nicht an Blumen fehlen; es werden, zumal wenn die Schulwerkstatt zur Unterstützung herbeigezogen wird, die Zöglinge nicht ermangeln die Klassenwände mit Bildern von liebgeworbenen Personen des Unterrichts, mit Photographien von gegenwärtigen und abgegangenen Schülern, mit schön geschriebenen Sprüchen und Sprichwörtern zu schmücken, um somit auch äußerlich dazu beizutragen, daß das Klassenzimmer eine schola wird, in deren Heiligtume die Musen gern verweilen.

Ist die Klasse einmal auf diesem Wege, fängt sie an, ihren Aufenthaltsort liebzugewinnen, dann ist auch der große Schritt gethan: es wird die Schule, die ein kleiner Staat sein wollte, ein vergrößertes Haus werden**). In der That, wie es gilt, das deutsche Haus von neuem aufzubauen, so muß auch die deutsche Schule neu aufgerichtet

---

*) Vergl. hiermit die Schulordnung der Seminarschule zu Jena 1858 inbezug auf die Pflege des künstlerischen Lebens in der Schule Bartholomäi a. a. O. S. 43.

**) Riehl, a. a. O. S. 358 ff.

werden. Einer Klasse, die sich in ihrem Zimmer so recht heimisch gemacht hat, wird man nicht zumuten, daß nach ihr an einem und demselben Tage eine andere Klasse in demselben Zimmer Unterricht empfängt und sog. fliegende Klassen werden zur Unmöglichkeit werden. Eine solche Klasse wird, wenn nicht der bei der Jugend allerdings sehr in Anschlag zu bringende Reiz der Neuheit überragt, jahraus jahrein in ihrem liebgewordenen Zimmer verbleiben wollen und der Logiswechsel, der den Vätern so gar wenig Kopfzerbrechens macht, wird, da er bei der Beschaffenheit der jetzigen Schulsubsellien über kurz oder lang doch einmal erfolgen muß, nur dadurch verschmerzt werden, daß die Zöglinge damit die Freude einkaufen, im neuen Klassenzimmer ein anderes Arrangement inbezug auf das Anhängen und Aufstellen des ihnen teuer gewordenen Schulgeräts treffen zu können. Daß bei alle diesem die Angehörigen einer Klasse zu einer festen Gemeinschaft verschmelzen werden, läßt sich mit Sicherheit erwarten. Der liebe teure Kamerad, welcher, wie zur Ehre seiner Eltern angenommen werden muß, nur infolge einer gebieterischen Notwendigkeit auf eine andere Schule übergegangen, wird nach wie vor als Glied der kleinen Klassengemeinde betrachtet. Verweilt er in derselben Stadt, so wird er zu den Schulfeierlichkeiten und Schulfesten eingeladen. Ist er nach auswärts gezogen, so unterhält die Klasse als solche eine lebhafte durch den Erzieher geleitete Korrespondenz; berührt er auf seiner Durchreise den Ort seiner frühern Schule, so wird sicher sein Besuch erwartet. Er sendet Pflanzen und Mineralien zur Vervollständigung der Klassensammlung, er schickt vielleicht nachträglich seine Photographie ein, der unter allgemeiner Beteiligung eine Ehrenstelle angewiesen wird. Fehlt einmal ein Schüler dieser Klasse, so ist die Frage nach ihm nicht immer eine polizeiliche Erkundigung *). Vielleicht weiß schon einer seiner Kameraden den Grund des Wegbleibens, und ist es thunlich, so erbietet sich ein anderer zur Nachfrage. Ist der Kamerad krank, liegt er vielleicht schwer darnieder, so kann die allgemein rege Teilnahme nur schwer den gewohnten Bahnen des Unterrichts folgen. Den Höhepunkt erreicht dieselbe, wenn gar der Erzieher selbst erkrankt. Welche Freude aber auch, wenn die eingezogenen Erkundigungen die fortschreitende Genesung ergeben, welch ein Festtag, wenn er wieder unter den Seinigen erscheint! Stirbt ein Glied dieser Klassengemeinde, so ist es selbstverständlich, daß ein Liebeszeichen herbeigeschafft und wenn statthaft, für eine Begleitung der Leiche und einen Gesang am Grabe gesorgt wird. Das sind trübe Tage in einer Klasse, die ihren familiären Charakter sich bewahrt hat, und der Unterricht, besonders der Religionsunterricht wird darauf Rücksicht nehmen, denn an solchen erschütternden Ereignissen hat das religiöse Interesse, soweit es sich auf Erlebnisse stützt, anzubauen.

Aber nicht bloß in Schmerz, auch in Freude vereinigt sich die Klassenfamilie und zwar bei den Geburtstagen ihrer Angehörigen **). Es ist eine mißliche Sache, diesen Gegenstand zur Sprache zu bringen, denn bei der Art wie jetzt der Geburtstag des Erziehers innerhalb seiner Klasse gefeiert wird, sowie bei der Stellung, welche die meisten Erzieher im sozialen Leben einnehmen, bleibt leicht ein Stachel zurück, welcher schmerzt und die Verheimlichung des Geburtstages anrät. Gleichwohl kann eine Klasse nicht inniger

---

*) Scheibert, Bürgerschule. S. 259.
**) Inbezug auf die Feier von Geburts- und Namenstagen als ein Zeichen des deutschen Hauses vergl. Riehl a. a. O. S. 305.

in sich verschmelzen, als wenn sie sämtliche Geburtstage der ihr angehörigen Glieder feiert. Es müssen ja auch nicht immer sog. Geburtstagsgeschenke dargebracht werden. Ein paar Lieder, vielleicht ein ernstes und heiteres, solche die dem Gefeierten besonders lieb sind, eine kurze Ansprache, ein Händedruck: das sind ganz schöne Geburtsgeschenke, zumal wenn der in einem kleinen Klassenkomité verkörperte Klassengeist dies alles recht schön vorbereitet hat*). Es ist und bleibt der Geburtstag für einen jeden ein Festtag, an welchem er gern etwas länger in sich einkehrt und sich freut, Freunde zu finden, die dicht an seinem Herzen ihre Wohnungen aufgeschlagen haben. Solche Gelegenheiten, bei denen jeder Erweis von Teilnahme freudig empfunden wird, sollte daher die Schulpraxis nicht vorübergehen lassen. Läßt es sich nicht anders thun und sind die Verhältnisse dazu günstig, so kann wohl auch ein kleiner Beitrag er= hoben werden, welchen die einzelnen, der Erzieher mit ge= rechnet, zu spenden haben. Nur müssen dann, um jedweder Mißdeutung vorzubeugen, bloß solche Dinge gekauft bez. geschenkt werden, welche sozusagen auch der Klasse wieder zu gute kommen oder im Schuldienste ihre Verwendung finden, wie Blumen, Bilder, Hefte, Federn u. dergl. Mancher schöne erzieherische Nebengewinn kann, wenn das Rechte ge= troffen wird, außerdem dabei herausspringen.

Es bedarf kaum des Hinweises, daß eine so geleitete Klassengemeinde gewiß auch gern eine Klassenchronik führen wird, wie sie Scheibert für die Schule verlangt**) und

---

*) Vielleicht läßt sich auch damit eine solche Spruchausteilung verknüpfen, wie sie Crebner a. a. O. S. 67 beschreibt.
**) Die Bürgerschule. S. 254.

wie eine ähnliche Einrichtung, nämlich eine Familienchronik,
Riehl vom guten deutschen Hause fordert*). Es kann
hierein je nach dem Stande der Klasse viel oder wenig
eingetragen werden; an Stoff wird es nicht fehlen, wenn
der rechte Geist die Klasse belebt, auch nicht an Zeit zum
Eintragen, wenn nicht durch ein Übermaß von häuslichen
Schularbeiten die Freizeit des Zöglings, in welche solche
selbstgewählte Arbeiten, wie das Führen der Klassenchronik,
hinzuweisen sind, allzusehr beschränkt wird. In jeder Klasse
finden sich Schüler, die, Entdeckern gleich, gewisse oft wieder
anzuwendende Wahrheiten, Erklärungen mathematischer
Sätze, Konstruktionen 2c. selbst auffinden. Es dürfte gut
sein, dies klassengeschichtlich festzuhalten, wie denn auch
Klassenhistörchen über einfältige, unüberlegte Antworten eine
Zeit lang mit gutmütigem Humor beibehalten und als
Würze von Zeit zu Zeit dargeboten werden.

Dies führt auf den Unterricht, und in der That kann
dieser, auch wenn die schwerlich ausführbare Scheibert'sche
freie Lehrmethode**) nicht angewendet wird, zur Herstellung
eines innigen Klassenlebens einen bedeutenden Anteil liefern.
Insbesondere ist hier der schon oben erwähnte freiere Unter=
richt anzuführen. Fassen wir zunächst den Gartenunterricht
ins Auge, so habe jede Klasse ein nicht zu kleines Stück
Gartenland, dessen Bebauung ihr überwiesen sei. Welche
Geschäftigkeit entwickelt sich da, wenn die ersten Frühlings=
boten kommen. Giebt es doch so vieles zu überlegen und
zu beraten, muß doch die Zeit wohl wahrgenommen und
darum ein enges Ineinandergreifen der Klassenglieder ver=

---

*) a. a. O. S. 332. ff.
**) a. a. O. S. 269.

langt werden. Ruht ja doch den ganzen Sommer hindurch das tadelnde Auge der Umgebung auf der mißgestalteten Form eines Beetes, einer Rabatte; gilt es doch möglichst bald solche Pflanzen zu haben, auf die der naturkundliche Unterricht das Interesse lenkte, oder eine Bodenmischung zu probieren, die im chemischen Unterrichte als vortrefflich erkannt wurde. Aber der Schulgarten, so wenig er für den Umgang fehlen darf, ist doch zu eng für den großen Kreis von Beobachtungen und Anschauungen, welche eine an reale Objekte sich anlehnende Unterrichtsmethode so notwendig braucht, wie der Mensch das tägliche Brot. Darum verlangt der Gartenunterricht eine Ergänzung im Spaziergange. Die Spaziergänge werden gemeinhin von Pädagogen sowohl wie von Laien gering geachtet, da man ein Lernen ohne Stillsitzen und ohne Bücher nicht für möglich hält, und weil man vergißt, daß die Natur nur in der Natur studiert werden kann. Man beachte jedoch: es ist ein pädagogischer Spaziergang, welchen wir in Aussicht nehmen. Da ist vielleicht der naturkundliche Unterricht auf bestimmte Pflanzen, Tiere oder Steine zu sprechen gekommen, die in größerer Anzahl an einem bestimmten Orte der Umgebung zu finden sind. Aber ein Spaziergang kostet Zeit, und die Schule hat allen Grund damit sparsam zu sein. Darum sind auf einem und demselben Spaziergange immer mehrere Zwecke zu besorgen. Ist der Sonnenuntergang gemeinschaftlich zu beobachten, so bestimmt dieser Umstand die Zeit des Spaziergangs. Außerdem wird vielleicht ein Weg eingeschlagen, der an einem Teiche, einem Flusse vorbeiführt, welcher von neuem eingeprägt werden soll. Beim Gange durch die Stadt ist ein Überrest der Stadtmauer, ein Wappen, ein Wahrzeichen, eine für das analytische Latein oder Französisch charakteristische Inschrift zu zeigen*), oder es hat der Unterricht auf ein geschichtlich merkwürdiges Haus, auf einen zur Kenntnis des Baustils wichtigen Erkerbau geführt, sodaß der Spaziergang bestimmte Straßen einzuschlagen hat. Darum sind es immer mehrere Zwecke, welche bei einem Spaziergange abzumachen sind. Man glaube es uns übrigens: eine solche wandernde Klasse verschmilzt ganz anders in ihren einzelnen Angehörigen draußen fern vom Gewühl der Menschen, zumal wenn auf dem Heimwege die Zungen sich lösen, und ein Lied nach dem andern dem frohen Kreise entsteigt, oder wenn die Nacht ihre Schatten ausbreitet und der Sternenhimmel eine neue, zur Spekulation wie zu religiösem Gefühle (s. rel. Jnt.) anregende Betrachtung veranlaßt.

Noch inniger verschmilzt jedoch eine Klasse, wenn sie, sei es auch nur auf einige Tage**), eine Reise unternimmt. Man muß sich von den für den Unterricht ebenso wie für die Erziehung im engern Sinne gleich wichtigen Erfolgen erzählen lassen, die gute Pensionsanstalten berichten***); noch mehr, man muß selbst solche pädagogische Reisen mitgemacht haben, um zu ermessen, welche hohe Bedeutung für die Bildung sämtlicher Interessen der Teilnahme und insbesondere für das gesellschaftliche Interesse die Schulreisen haben. Und dahin muß es kommen, daß nicht bloß

---

*) Vergl. Ziller, Das Proëmium von Homers Odyssee. Jahrbuch für wissenschaftl. Pädagogik. II. S. 40.

**) Bartholomäi a. a. O. S. 121 verlangt, daß jedes schulpflichtige Kind jährlich wenigstens eine Woche reise. Wann wird dieser Wunsch in Erfüllung gehen?

***) Programm der Benderschen Erziehungsanstalt 1845; Crebner a. a. O. S. 56 ff. Vergl. außerdem Ziller, zur Theorie pädagogischer Reisen (Jahrbuch für wissenschaftliche Pädagogik. II. S. 214. ff.)

Pensionsanstalten, sondern auch sog. öffentliche Schulen ihre Klassen auf Reisen schicken, ja es muß dies für das Publikum eine so alltägliche Erscheinung werden, daß man es lächerlich finden wird, wenn, wie dies geschieht, die Tagespresse von einem eintägigen Ausflug per Eisenbahn seitens einiger Gymnasialklassen Notiz nimmt*). Dann werden wir allerdings eine neue Auflage „fahrender Schüler" erleben, aber es ist eine von gesellschaftlichem Geiste durchwehte Gemeinschaft, welche nach Tagen der Trennung die Stätten der Heimat mit erhöhter Freude, erneuter Liebe umspannt.

Sind dies Umgangsgelegenheiten des Sommers, so fragt es sich, was kann im Winter zur Erweckung des gesellschaftlichen Interesse in der Klasse geschehen? Wir knüpfen wieder an jenen freieren Unterricht an und kommen zuerst in die Schulwerkstatt. Es ist hier nicht der Ort, die Notwendigkeit einer aus den Fröbelschen Kindergarten= beschäftigungen herauswachsenden Schulwerkstatt für den, auch auf die Gewinnung technischer Fertigkeiten auszu= dehnenden Unterricht nachzuweisen. Es soll auch an dieser Stelle nicht von dem sympathetischen Interesse die Rede sein, das in einer den freien Verkehr gestattenden Schul= werkstatt ganz besondere Pflege findet. Es sei an den Ruf einer Elementarklasse angeknüpft: Wir wollen (natür=

---

*) Um solche Schulreisen so billig als möglich zu machen, schlägt Bartholomäi (a. a. O. 112) vor, daß einzelne Orte ein Kartell schließen und sich verpflichten, ihre Schulen gegenseitig zu verköstigen und zu beherbergen. — Hiermit tritt zugleich ein ganz neuer Gesichts= punkt hervor, nämlich der Umgang der Schulen untereinander, der bekanntlich sehr viel zu wünschen übrig läßt. Welche wohlthätige Folgen könnten hieraus für die einzelnen Schulen hervorgehen, welche Freundschaftsbündnisse könnten geschlossen werden!

lich en miniature) Robinsons Herd bauen! Zwanzig bis dreißig Kinder greifen eifrig zu, um kleine, vielleicht zwei Zoll lange und einen Zoll breite Thonsteine mit scharfen Kanten, Winkeln und genau ebenen Flächen zu formen, die, nachdem eine genügende Anzahl fertig geworden, zu einem Herde zusammengesetzt werden. Eine andere Elementarklasse etwa eine solche, die an der Hand der biblischen Geschichte bei Abraham verweilt, nimmt sich vor aus farbigem Papiere eine Anzahl von Zelten zu bauen. Siehe da regen sich die kleinen durch vielfache praktische Bethätigung geschickt gemachten Hände und in kurzer Zeit steht das „Gezelt" auf dem Tische, zu dem nur noch mittels Erbsenarbeit die Schafhürden zu machen und diese mit Schafen aus den gewöhnlichen Spielschachteln zu bevölkern sind, um die gemeinsame Freude auf den Kulminationspunkt, und, wenn alles gut geht, die Anschauung eines Hirtenlagers zu voller Klarheit zu erheben. Eine andere Klasse, die schon das Pappmesser regieren kann, macht vielleicht ein Rechenlotto, das ihr oder einer andern Klasse zur Einübung des Einmaleins behülflich sein soll, oder es arbeitet eine noch höhere Abteilung in Holz, Thon oder Gips, sei es um zu Weihnachten eine Freude zu bereiten oder um dem Klassenzimmer einen neuen Schmuck zu geben. Zu gewissen Zeiten ergießt sich jedoch ein gleicher Gedankenstrom in jede Werkstattsklasse, denn es gilt Vorbereitungen zu einem Schulfeste zu treffen. Da ist vielleicht der Schulsaal oder der Garten auszuschmücken, sobaß von den Kleinen die Herstellung von Papierketten, Papierfahnen und Wappen, von den Größern die Herbeischaffung von Blumen verlangt wird, während andere, und dies weist schon auf ein Nachfolgendes hin, in freien Vereinigungen vielleicht besondere Gesangsstücke einüben, wieder andere die Ordnung der Spiele, des Festzugs und dergl. übernehmen.

Eine sehr nützliche, nicht nur das sympathetische, sondern auch das gesellschaftliche Interesse weckende Winterbeschäftigung ist das Darstellen sogenannter lebender Bilder aus dem Gebiete der Dichtung und Geschichte, sowie das Aufführen von Märchen, kleinen Scenen aus Robinson, der biblischen Geschichte, der Odyssee u. s. w. Es erfolgt dies ohne jedweden Aufwand am Ende einer dazu ausgewählten Stunde, nachdem vorher im Unterrichte die Rollen verteilt und das Richtige für den Ausdruck gewonnen worden ist. Es kann sich aber auch die Klasse, unter Umständen eine freie Schülervereinigung (s. diese) in besonderen Freistunden zu einer wirklichen dramatischen Aufführung erheben. Schon zu Zeiten der Reformation bestanden solche Aufführungen und dieselben könnten gewiß jetzt noch viel Besseres leisten. Für die Sextaner eignen sich hierzu Scenen aus der Odyssee und Ilias, die Hermannsschlacht, eine deutsche Sage, wie die vom Landgraf Ludwig dem Eisernen, oder etwas aus der Geschichte, wie der Prinzenraub. Eine höhere Abteilung begeistert sich an Uhlands Schwabenstreich oder Taillefer, an der Heldengestalt eines Zriny, an der treuen Freundschaft eines Werner und Ernst von Schwaben, oder sie bewundert die alte deutsche Biederkeit eines Friedrich des Schönen und seines Nebenbuhlers Ludwig des Bayern, und die obersten Klassen wagen sich vielleicht an Auszüge aus Wilhelm Tell und Wallenstein, Götz von Berlichingen und Egmont, Heinrich IV. und Julius Cäsar. Ist alles fertig, so bieten sie endlich das Stück in den Räumen des Schulsaals dem ganzen Schulkötus, vielleicht auch der Schulgemeinde dar. Es ist wiederum hier nicht der Ort den gesamten erzieherischen Gewinn nachzuweisen, welchen solche in päbagogischen Grenzen bleibende Aufführungen barbieten*). Aber schon was hierfür inbezug auf die Bildung des sympathetischen wie gesellschaftlichen Interesse aus dem früher Gesagten erschlossen werden kann, macht die Einwürfe erblassen, die Heiland in Schmid's Encyklopädie**) dagegen erhoben hat.

Eine zweite Art von engerer Vereinigung besteht in den von Scheibert vorgeschlagenen freien Schülervereinen (f. o.), die in den untern Klassen unter den Händen und unter möglichst freier Leitung der Erzieher bleiben, in den obern Klassen aber zum Teil schon ganz selbständig werden***). Wir können hier kurz sein, da Scheibert die hier inbetracht kommenden Vereine, wie Lese=, Stubien=, Kunst= und Beschäftigungsvereine in mustergiltiger Weise beschrieben hat. Es sei nur bemerkt, daß einzelne derselben, sowohl mit den eben erwähnten bramatischen Aufführungen wie auch mit der Werkstatt, den Spaziergängen und Reisen in Verbindung gebracht werden können. Die Einrichtung, noch mehr aber die glückliche Fortführung solcher Vereine macht allerdings große Schwierigkeit. Wie im öffentlichen Leben biejenige Freiheit am schwersten zu erwerben ist, die auf Selbstregierung und Selbstverwaltung gestützt ist, weil sie ganze Männer verlangt, so haben auch solche auf gleiche Prinzipien zu stellende Schülervereinigungen mit vielfachen Hindernissen zu kämpfen. Einmal in Gang gebracht, belohnen sie aber auch die er=

---

*) Vergl. hierzu das gründliche Vorwort aus dem Benderschen Institute in Weinheim zu: bramatische Spiele für Knaben 1862; sowie Crebner a. a. O. S. 36 ff.

**) II. S. 25 ff.

***) Scheibert, a. a. O. S. 298.

zieherische Arbeit in einer Weise, die manche Mühe ver=
gessen macht. Sie bewahren vor allen vor den unseligen
Schülerverbindungen, über die neuerdings so sehr geklagt
wird und die im Laufe der Zeit zu wahren Brutstätten
der Immoralität geworden sind. Sind die Klassen, wie
einzelne Schülervereine, zu gesellschaftlichem Interesse er=
wacht, so wird es auch gerechtfertigt sein, in heißen Nach=
mittagen oder wenn schönes Wetter zum Schlittschuhlaufen
ist, die Schule zuweilen frei zu geben, denn diese Freiheit
wird dann von den Schülern besser benutzt werden als
dies gegenwärtig geschieht*).

Es wird dann ohne Zweifel einmal ein herrlicher
Anblick sein, wenn die Zöglinge in ihren Klassen und
kleinen Vereinen Selbstverwaltung und Selbstregierung,
kurz alles das lernen, was im Staat und Kirche als
Kern realer Freiheit zu betrachten ist. Gleichwohl wäre
es eine unverantwortliche Beschränkung, wollte die Schule
bei diesen engern Vereinigungen stehen bleiben. Es sind
schon oben Hilfsleistungen erwähnt worden, welche eine
Klasse der andern darzubringen hat. Es sei gestattet,
dies hier etwas näher auszuführen. Wie die einzelne
Klasse zu Ordnung ihres gesellschaftlichen Lebens von
Zeit zu Zeit zu kurzen gemeinschaftlichen Beratungen
zusammenzutreten hat, so werden auch mehrere neben
einander liegende oder bestimmte Dinge wie Treppe, Kor=

---

*) Jetzt geben bei den erwähnten Gelegenheiten viele Schulen,
niedere wie höhere, einfach frei. Die Schüler machen, was sie wollen
und die Lehrer und Professoren auch, während sofort Abteilungen
organisiert werden sollten, die im Sommer, nachdem die heißesten
Stunden vorüber sind, einen Ausflug in einen schattigen Wald 2c. und
im Winter einen Schlittschuhlauf nach einem nahegelegenen Orte
unternehmen.

ribor, Gerätkammer, Gartenwege ꝛc. gemeinschaftlich be=
nutzende Klassen durch Delegierte beratend und durch gute
Schreiber korresponbierend mit einander zu verkehren haben.
Eine andere Art des Verkehrs läßt sich zwischen Klassen,
die ihrer Natur nach einander fern stehen, durch Ein=
führung von Tausch= und Kaufsobjekten erzielen. Wir
erwähnten oben schon die Blumenzucht. Ein anderes
Mittel ist die Einrichtung eines Magazins, in welchem
die Oberklassen den Unterklassen die erforderlichen Schul=
utensilien, sei's bar sei's auf Rechnung verkaufen, wie
denn auch z. B. beim Klassenwechsel zum Schenken und
Tauschen Veranlassung gegeben ist. So wird ohne Penna=
lismus ein gesellschaftliches Gefüge entstehen und der Egois=
mus der einzelnen sowie der nicht minder häßliche
Klassenpartikularismus wird einer brüderlichen Vereini=
gung Platz machen, die, wenn das Leben in der rechten
Weise sich anschließt, so manchen Zukunftstraum der
Wirklichkeit näher rücken dürfte, zumal wenn, was als
Schlußstein zu betrachten ist, Zwecke gefunden werden,
welche alle Schüler groß und klein, zu erfassen vermögen,
kurz wenn der gesamte Schulcötus zu einer von einem
Geiste beseelten Gemeinschaft heranwächst.

Die Schule kann ihrer Natur nach nicht Gesellschaft
sein; diese Beschränkung haben wir ihr schon auferlegen
müssen. Aber sie kann in einzelnen Momenten eine Ge=
sellschaft werden, wenn sie Zwecke aufsucht, an denen
der Mündige wie der Unmündige mit gleichem Eifer sich
beteiligen kann. Es giebt solche gemeinsame Zwecke und
sie heißen: Spiel, Turnen, Schulfeierlichkeiten und Schul=
feste.

Ein oftmaliges Zusammenkommen, Begegnen und Unter=
halten auf dem Spielplatze wirkt zu allermeist der Spaltung

entgegen, die bei der Klasseneinteilung nicht zu vermeiden ist. Schon daß sämtliche Schulangehörige an einem Orte in ungezwungener Weise zusammenkommen, erhöht das Gefühl der Zusammengehörigkeit und schafft ein gemeinsames Bewußtsein. Auch das freie Spiel würfelt die Angehörigen verschiedener Klassen durch einander und hebt die Unterschiede auf, welche falscher Ehrgeiz etwa gezogen haben könnte. Hierzu kommt, daß die Ordnung und Instandhaltung des gemeinsamen Spielplatzes eine gemeinsame Angelegenheit ist und Pflichten wachruft, welche allen Schülern gleichmäßig zukommen. Bei alledem sind dies nur untergeordnete Gesichtspunkte den gemeinsamen Bestrebungen gegenüber, welche auf dem Spielplatze ihre Stätte zu finden haben. Wir meinen die das Spiel und Turnen umschließenden Leibesübungen. Man muß sich bei Beurteilung der Schulgymnastik vor zwei Extremen hüten; indem man das Ziel derselben entweder zu hoch oder zu niedrig steckt. Zu hoch stecken es diejenigen, welche das Turnen mit der Wehrverfassung des Volks in unmittelbare Verbindung bringen. Es ist ja gar nicht in Abrede zu stellen, daß ein guter Turnunterricht zur Bildung tüchtiger Soldaten nicht wenig beitragen werde; aber man meine doch nicht, daß die Mehrzahl von Schülern die Idee der Vaterlandsverteidigung dauernd zu einem gemeinsamen Zwecke der Schule machen werde. Alles was hier zu viel geschieht, ist Zwang und bleibt ohne Frucht für das gesellschaftliche Interesse. Auf der andern Seite soll man aber auch nicht das Turnen ausschließlich zu einer Sache des Unterrichts machen.

Von allen Unterrichtsgegenständen nimmt gerade das Turnen zur Zucht wie zur Regierung eine ganz besondere Stellung ein. Fassen wir zunächst solche Übungen ins Auge, die einen gemeinsamen Charakter haben, also außer einigen Spielen die Frei= und Ordnungsübungen, so liegt auf der Hand, wie klar sie schon durch ihre ästhetische Gewalt jedem einzelnen die Notwendigkeit eines geordneten Zusammenwirkens demonstrieren. Aber auch bei den Gerätübungen, denen jene als Vorbereitung zu dienen haben, ist darauf zu achten, daß die Turngemeinde als Gemeinschaft immer aufrecht erhalten bleibt. Alle Turnriegen müssen darum zu gleicher Zeit in Thätigkeit treten. Freilich werden diese unter mehreren Turnlehrern oder Vorturnern stehende Abteilungen verschiedene Übungen vornehmen. Aber ehe sie dazu vorschreiten, soll ein gemeinsamer Gesang *) alle Glieder der Turngemeinde an ihre Zusammengehörigkeit erinnern. Der nach etwa einer halben Stunde eintretende Wechsel sei ein gleichzeitiger, durch ein Horn= oder Trommelsignal 2c. gegebener, sowie denn auch am Schlusse die ganze Genossenschaft noch einmal zu einem Turnkörper sich vereinigt. Diese sichtbare, thatsächliche mit Händen zu greifende Gemeinschaft, welche der Turnplatz erzeugt, wird auch innerlich nur um so fester sich gestalten, wenn die Turngemeinde außerdem das ganze Verwaltungs= und Rechtssystem übernimmt **). Ein wirkliches turnerisches Gemeinbeleben läßt sich freilich bei nur wöchentlich zwei Turnstunden nicht erreichen, wie denn auch eine wirkliche körperliche Ausbildung damit schwerlich erzielt werden kann. Die gegenwärtige Schulpraxis sieht eben zu wenig auf die Ausbildung des ganzen Menschen und daher kommt es auch, daß z. B. Turnfahrten, welche die Turngemeinde

---

*) Welche Bedeutung der Gesang für das gesellschaftliche Leben der Schule hat, das hat vor allem Scheibert in der oft zitierten höhern Bürgerschule nachgewiesen.

*) Über die Einrichtung eines Turngerichts, vgl. Stoy, pädagogische Anlagen V. S. 13 und Crebner a. a. O. S. 53.

von Zeit zu Zeit zu unternehmen hat, mehr in der Litteratur als in der Praxis bekannt sind.

Hiermit kommen wir auf die eigentlichen Schulfeierlichkeiten und Schulfeste, in denen das Gemeinschaftsleben der Schule seine höchste Entwickelung zu begrüßen hat. Man muß sich indes auch hier hüten, den gemeinsamen Zweck zu hoch zu greifen. So dürfte z. B. die Feier des Konstitutionsfestes, welche in mehreren Staaten begangen wird*), für die allermeisten Zöglinge einer Schulanstalt nur schwer zu erfassen sein. Aber auch andere Schulfeierlichkeiten, wie die Feier des Stiftungstages der Schule, des Geburtstags des Landesvaters oder irgend eines andern Gedenktages wird dem gesellschaftlichen Interesse der Zöglinge keine oder nur geringe Nahrung zuführen, wenn, wie dies vielfach geschieht, die Feier in nichts weiter als in einer, den Gegenstand vielleicht gar nicht oder nur flüchtig berührenden über die Köpfe der Zöglinge hin an die Erwachsenen gerichteten Rede besteht. Eine Schulfeierlichkeit muß aus dem Herzen der Schule herauswachsen, soll sie wieder zu Herzen gehen; es müssen alle Klassen und soweit thunlich alle freien Schülervereine zur Beteiligung herangezogen werden, es muß vor allem der Unterricht auf die gesellschaftliche Bedeutung des Tages vorher schon an geeigneter Stelle hinweisen und die zum Verständnis desselben erforderlichen Bausteine rechtzeitig zusammentragen. Die Feier darf keine oktroyierte, keine gemachte sein. Gesang und Deklamation, Spiel und Turnen müssen als freie, natürlich von dem Erzieher determinierte Gaben dargebracht werden; es müssen alle Zöglinge mit Freude dem Festtage zueilen, kurz es muß jede Schulfeierlichkeit zu einem Schul-

---

*) Vergl. Gottschick, Schmid's Encyklopädie VII. S. 28.

feste erhoben werden, was um so leichter zu bewerkstelligen sein dürfte, wenn die Jugend konsequent an Genügsamkeit gewöhnt, überhaupt so geleitet wird, daß ihr selbst die Beigabe materieller Genüsse nur als eine Nebensache erscheint. Leicht wird es sein, selbst den Kleinsten die Bedeutung eines solchen Festtages klar zu machen, wenn derselbe auch von den Erwachsenen als solcher betrachtet wird. Es gilt dies insbesondere für hervorragende kirchliche wie überhaupt solche Feste, die von dem Sinne der Bevölkerung gehalten und getragen werden.

Wir haben für die Bildung des gesellschaftlichen Interesse verlangt, daß die Schule, die nicht selbst Gesellschaft ist, darnach zu streben habe, eine solche zu werden, indem sie einzelne Momente des Schullebens zu einer das Ganze erfassenden Bedeutung emporhebt. Liegt es nun wohl auf der Hand, daß, soll eine erhebliche Wirkung erzielt werden, diese Momente nicht zu spärlich auftreten dürfen*), so ist noch ein Wort über den Geist zu reden, der das Gemeinschaftsleben der Schule zu durchbringen hat. Wir können hier kurz sein, denn daß dies der Geist der Sittlichkeit sein muß, für den sich jeder Zögling zu interessieren hat, daß überhaupt die Schule nur dann vor ihrem Ideale bestehn kann, wenn sie darnach strebt, eine sittliche Gemeinschaft zu sein, bedarf in unsern Zeiten keines Nachweises mehr. Die Hauptschwierigkeit liegt darin, eine solche Gemeinschaft aus der Theorie heraus praktisch zu gestalten. Hierin, bekenne man es offen, sind die allermeisten Schulen

---

*) Scheibert (a. a. O. S. 337 ff.) schlägt ein Sommer- und Winterfest vor, die Jenaer Seminarschule (f. deren Schulordnung S. 14 ff.) feierte ein Frühlings-, ein Grundstein-, ein Ernte-, Sieges-, Martins- und ein Weihnachtsfest.

bis jetzt kaum über die Anfänge hinausgekommen. Es er=
klärt sich dies daher, daß wie unter allen Arten von Cha=
rakteren der moralische gerade am meisten Mühe und
Schwierigkeit macht*), auch in einer Gemeinschaft der
Geist der Sittlichkeit am schwersten festzuhalten ist. Man
kann nicht zweifelhaft sein, von welcher Seite der Anstoß
zu Gründung einer solchen sittlichen Schulgemeinschaft aus=
zugehen hat. Aber ebensogewiß ist es, daß sie Dauer und
Festigkeit nur dann erlangt und behält, wenn sie als ein
lebendiges Glied sich einreiht in die Kette jener höhern
Gemeinschaft, zu der das religiöse Interesse den Weg
bereitet.

Das religiöse Interesse.

Es dürfte einem pädagogischen Schriftsteller der Jetzt=
zeit nicht verargt werden, wenn er bei der Frage nach
dem Beitrage, den der Umgang dem religiösen Interesse
darbietet, seine Hilflosigkeit gestände. Denn jedermann
weiß, daß das religiöse Interesse, das einst so tiefgehende
Spuren hervorrief, an Wärme wie an Spannkraft be=
deutend verloren hat. Sieht man auf die Kreise, welche
dasselbe zu pflegen haben, auf die Familie, die kirchliche
Gemeinde, kurz auf alle diejenigen Faktoren, welche bei
dem Umgange in Betracht zu ziehen sind, so liegt das
Bekenntnis nahe: das religiöse Interesse ist das Stiefkind
unter den übrigen Interessen geworden. Man könnte
fragen, wie das soweit gekommen sei, und nach Art der
Tagespresse diesen und jenen beschuldigen. Aber dabei
kommt wenig heraus. Frage jeder sich selbst und die
Antwort wird nicht ausbleiben. Wie ein gewissenhafter

---

*) Herbart, W. XI. 282.

Lehrer nach einer mißlungenen Unterrichtsstunde zu aller=
erst die Frage zu erheben hat, was kann ich das nächste
Mal besser machen? so lege auch die Schule sich die Frage
vor: was kann ich an meinem Teile zur Erweckung des
religiösen Interesse beitragen? Es wird selbst in Schul=
kreisen viel über die Behandlungen des Religionsunterrichtes
geklagt. Man bemerkt, daß derselbe nicht die rechten
Früchte trägt, ja daß er wohl hie und da Ärgernis her=
vorruft. In dieser Not ist man auf den sonderlichen
Einfall gekommen, den Religionsunterricht ohne weiteres
aus der Schule hinauszuweisen und ihn dem Geistlichen
zu überlassen*). Andersgesinnte machten ebenfalls die
allerdings augenfällige Wahrnehmung, daß der Religions=
unterricht bisher gerade das Gegenteil von dem bewirke,

---

*) Dieses Verfahren erinnert au die Heilmethode des Dr. Eisen=
bart, der bekanntlich demjenigen, der Zahnweh hatte, den Kopf ab=
schneiden wollte. Ja das pädagogische Zahnweh würde wohl aufhören,
aber wo bliebe die Religion? Der Kuriosität wegen nebenbei hier noch
einige Rezepte dieser „chirurgischen Pädagogen": Werden Kinder von
6 Jahren durch die Schule zu sehr angestrengt, so sind sie statt Bildungs=
mittel zu suchen, die dem Anfängeralter entsprechen, erst mit 7 Jahren
in die Schule zu schicken. — Taugen Internate nichts, so werden sie,
statt sie besser zu machen, abgeschafft. Hat die halbwüchsige Bildung
einiger Lehrer in aufgeregten Zeiten ein öffentliches Ärgernis gegeben,
so werden, statt eine Bildung aus dem Vollen darzubieten, die gefähr=
lich scheinenden Unterrichtsgegenstände der Seminarien beschnitten oder
ganz verbannt. — Bringt das Latein, weil man es nicht pädagogisch
dem Zwecke anpaßt, auf Realschulen und Seminarien keinen Nutzen,
so wird es, statt es sachgemäß zu erteilen, aus dem Schulplane hinaus=
geworfen. (Was jedoch nicht hindert, dasselbe einige Jahrzehnte später
in derselben pädagogisch rohen Form wieder in die Schule hineinzu=
werfen. Dieses Fangballspiel, welches die Zeitperioden mit einander
treiben, ist so ergötzlich, daß es fast einen Beitrag zur Poesie des Welt=
schmerzes geben könnte).

was anzustreben ist: religiöse Gleichgültigkeit statt religiöses Interesse. Während aber jedes Kind weiß, daß das Über= maß schadet, verordneten sie nach dem Worte: „Viel hilft viel" so viele Religionsstunden und Religionsübungen*), daß nun erst recht kein Interesse, sondern vollständige Ab= stumpfung eingetreten ist. Diesen beiden sich jetzt be= kämpfenden Extremen treten wir mit der nüchternen Frage gegenüber: Welche **pädagogische** Mittel sind anzu= wenden, um das religiöse Interesse der Jugend zu erwecken und zu erhalten? Diese Frage dünkt uns einer Preisaufgabe wert, damit sie gründlich untersucht werde. Wir begnügen uns hier mit einigen Bemerkungen, soweit sie den Umgang betreffen.

Das religiöse Interesse erwacht ziemlich früh. Aber wie es in der Familie geboren wird, so kann es auch hier wieder zerstört werden. Eine von religiösem Geiste durchdrungene Schulgemeinde wird in Rücksicht auf die ihr untergebene Schulanstalt dies zu verhindern suchen. Sie wird mindestens Gegengewichte schaffen, damit der Geist der Irreligiosität nicht weiter um sich greife. Aber nur in seltenen Fällen ist die wirkliche Irreligiosität die Zer= störerin des religiösen Interesse. Oft ist im Elternhause

---

*) Nach einer Darstellung der Sächs. Schulzeitung (1861) hatten die Seminaristen in Sachsen, „außer dem massenhaften Religionsunter= richte," der zum größten Teile auch wieder nur auf die „Erbauung" berechnet ist, den sonntäglichen Gottesdienst früh und nachmittags zu besuchen; die Proseminaristen mußten sich außerdem noch zu den Kate= chisationen stellen; täglich fanden längere Morgen= und Abendandachten und jeden Montag auch noch eine Schulandacht statt, an welcher die Seminaristen teilzunehmen hatten. Hierzu mußte man noch das Tisch= gebet, das Beten und Singen bei jeder Probekatechisation, welche die Seminaristen der 1. und 2. Klasse zu halten haben, rechnen.

nur die Grenze verwischt, welche Wissen und Glauben trennt. Oft irrt man mit dem wärmsten Herzen, indem man die falsche Philosophie, welche gegenwärtig die Dogmatik beherrscht, für den Geist des Evangeliums hält. Dies darf nicht also sein. Die Schulgemeinde muß, schon weil sie ein Stück oder auch das Ganze der Kirchengemeinde ist, die Pflege und Förderung des religiösen Interesse als ihre höchste Aufgabe betrachten. Insbesondere muß sie soviel pädagogische Einsicht gewinnen, daß sie den Religionsunterricht, wie er in der Schule erteilt wird zu beurteilen, da nötig auch neue Impulse zu geben, und etwaige Ausschreitungen zu verhindern vermag. Vor allem aber hat sie durch die Macht des Beispiels zu wirken. Eine Gemeinde, welche reges Interesse für religiöse Fragen bethätigt, wird ohne sonderliche Mühe auch religiösen Sinn in die ihr zugehörige Jugend pflanzen. Natürlich dürfen, damit eine Durchdringung möglich ist, die Kirchengemeinden nicht zu groß sein. In normalen Verhältnissen wachsen dann die Kinder von selbst in das kirchliche Leben hinein, zumal wenn, was ja auch gegenwärtig angestrebt wird, die Kirchengemeinde zur Selbstregierung und Selbstverwaltung gelangt. Als ein unmittelbarer Ausfluß des religiösen Sinns ist die Teilnahme zu betrachten, welche die Gemeindeglieder dem religiösen Leben der Schule, das nötigenfalls zu entzünden ist, darzubringen haben. Es handelt sich ja um das Ernsteste und Höchste, um das, was sogar über die Philosophie hinausgeht. Darum wird es die Gemeinde als eine Pflicht erachten, bei jeder Schulfeier vertreten zu sein. Das Zimmer, in welchem dieselben abgehalten werden, wird sie dem Zwecke gemäß ausschmücken. Sie wird für ein den Gang hebendes Instrument sorgen, wird die Wände geschmackvoll mit Gemälden heiliger Per

sonen und Geschichten dekorieren. Das Lokal selbst sei
groß, damit jeder zur Schule Gehörige, auch ein früherer
Schüler, der als Gast einmal wieder einspricht, bequem
Platz habe; es sei vielleicht in gothischem Kirchenstile aus=
geführt; auf dem durch eine entsprechende Bekleidung zu
einer Art Kanzel erhobenen Lehrstuhle liege eine kostbar
eingebundene Bibel *). Dies alles sei aus der Teilnahme
der Gemeinde oder aus dem Herzen einzelner Gemeinde=
mitglieder herausgewachsen; was aus der Schule selbst
hervorgegangen, finde beifälligen Wiederhall.

Wie die Gemeinde durch ihre Vertreter den regelmäßigen
Schulbesuch kontrolliert, wie sie die Sitten der Kinder auf
dem Schulwege, den öffentlichen Spielplätzen 2c. überwacht
und wie sie endlich durch ein Schöffengericht über jugendliche
Vergehen selbst Gericht hält **): so sorgt sie auch, nicht
durch Zwang, sondern durch allerhand freundliche Anregung
dafür, daß von religiösen Feierlichkeiten der Schule kein
Kind fern bleibe. Denn wie ihr aus vielfacher Erfahrung
bekannt ist, daß eine Sonntagsandacht noch einmal so schön
und erhebend ist, wenn sie vor einer zahlreich versammelten
Kirchengemeinde stattfindet, so weiß sie auch, daß eine
Schulandacht nur dann die volle Wirkung hat, wenn sie
recht zahlreich besucht ist. Kommt es doch hier auf den Ein=
druck an, daß ein Kind recht viele um sich sieht, die ein
gleiches religiöses Bedürfnis haben und ebenso wie das
Kind ihre Abhängigkeit von dem höchsten Wesen empfinden,
gar nicht zu gedenken der innigen Verschmelzung, welche
zwischen denen stattfindet, die wie hier in der Gottesver=
ehrung in einem gemeinsamen Zwecke sich vereinigt finden.

---

*) Vgl. Bartholomäi a. a. O. S. 164.
**) Dörpfeld, die freie Schulgemeinde. S. 177.

Vor allen wird die Schulgemeinde darauf sehen, daß die von ihr erwählten Erzieher auch in ihrem religiösen Leben ein Beispiel geben. Sie wird sich freuen, wenn sie nicht nur regelmäßig die Schulandachten besuchen, sondern überhaupt zur Förderung derselben nach besten Kräften mitwirken. Das religiöse Interesse, jetzt das Aschenbrödel, ist bestimmt und berufen, der Mittelpunkt von allen Interessen zu werden, denn der Charakter wird in der rechten Weise nur dann wachsen und gedeihen, wenn er aus der Religion stets neue Nahrung ziehen kann. Wohl der Schule, deren Erzieher die Förderung religiöser Bestrebungen als ihre eigenste Herzenssache betrachten und in den gemeinsamen Schulandachten eine Gelegenheit suchen und finden, sich selbst in der Heiligkeit ihrer Mission immer von neuem wiederzufinden!

So nahe liegend diese Forderungen sind und so wenig von ihnen nachgelassen werden kann, so sicher ist, daß die meisten Schulanstalten weit von ihnen entfernt sind; und es ist einleuchtend, daß besonders in größern Schulen, an welchen eine große Anzahl erziehender Kräfte thätig ist, die Schwierigkeiten sich steigern müssen. Ein Sinn, Ein Geist, ein sittlich-religiöser Geist soll den ganzen Lehrkörper durchdringen*). Ein jedes Glied des Kollegiums hat sich, ohne Ausnahme, als ein Werkzeug in der Hand Gottes zu fühlen und jede auch noch so lieb gewordene Eigentümlichkeit aufzuopfern, wenn sie mit den Anforderungen der sittlich-religiösen Gemeinschaft unverträglich ist. Es hat ein jeder Erzieher, welches spezielle Fach er auch vertreten

---

*) Unsere hierauf bezüglichen Forderungen namentlich auch in Hinsicht auf das Zusammenwirken beim Unterrichte, s. Über Leipzigs Volksschulen. 1861.

mag, seinen Beitrag zur Lösung der in Gott gegründeten Gemeinschaft darzubringen, es hat namentlich der Vorsteher der Schule alle seine Absichten und Maßnahmen mit strenger Gewissenhaftigkeit dahin zu prüfen, ob sie dem Willen Gottes, den er in lauterem Gebete, in ernst-freundschaftlichem Umgange mit seinen Kollegen, im Verkehre mit den Vertretern der Schulgemeinde, den Eltern seiner Zöglinge und mit diesen selbst zu erkunden hat, entsprechen, denn nicht ihm, dem Diener, sondern Gott, dem Herrn, gehört die Schule, weswegen er sich denn auch den sittlichen Ideen und religiösen Anforderungen noch viel williger unterzuordnen hat, als der kleinste seiner Zöglinge. Lebt ein solcher Geist in dem Haupte und in den Gliedern des Schulkollegiums, dann wird die Lehre vom Guten, Schönen und Rechten kräftige Wurzeln schlagen, denn ihr steht die Zaubergewalt des Beispiels zur Seite.

Unleugbar ist dieser einheitliche in dem Ideale von Christi Persönlichkeit gegründete Geist eine Hauptbedingung für die Förderung des religiösen Interesse. Gleichwohl lehrt eine mehr als tausendfältige Erfahrung, daß die bloße Religiösität der Erzieher zur Erzeugung, Förderung und Erhaltung des religiösen Interesse in der Schule nicht hinreicht. Zur Erziehung und vor allem zu der an so viele Rücksicht gebundenen Schulerziehung gehört pädagogische Einsicht, und es ist fürwahr ein trauriges Zeichen der Zeit, auch für die Höhe ihrer Bildung, daß diese Einsicht gegenwärtig noch immer einen so niedrigen Kourswert hat*). Wollte Gott,

---

*) Dies ist namentlich daraus ersichtlich, daß die Idee akademisch-pädagogischer, mit Übungsschulen verbundener Seminarien, die für eine Durchdringung von Religiösität und pädagogischer Einsicht die besten Pflanzstätten sein könnten, nur äußerst langsam Boden gewinnt.

daß es namentlich in den leitenden Kreisen über diesen Punkt einmal Tag würde! Wir empfehlen fürwahr nicht jene pädagogische Afterweisheit, die, sich selbst genug, die Religion entbehren zu können meint. Aber es ist auch auf der andern Seite vielen unserer Zeitgenossen klar, daß die Misère unsers religiösen Lebens zum großen Teile in der ungeeigneten Behandlung zu suchen ist, welche der Religionsunterricht wie die Religionsübung in den Schulen erfahren hat, und noch erfährt. O möchte bald die Zeit kommen, in der jeder religiöse Stoff mit pädagogischem Ernste darauf hin geprüft würde ob, wie und wann er dem Erziehungsobjekte darzubieten ist. Möchte bald eine peinliche, ängstliche Sorge darum entstehen, ob ein Lied, ein Gebet, eine Geschichte dem Bildungsstande einer Altersstufe entspricht; möchte jeder Gesangbuchsvers, jeder Spruch vor seiner Darbietung genau erwogen werden, damit er in Wirklichkeit einen nachhaltigen im Stillen wohlthätig fortwirkenden Eindruck im Gemüte des Kindes zurückläßt. Möchte endlich auch die religiöse Erbauung der Jugend die rechten Pfade betreten. Es wird fürwahr auf diesem Gebiete, selbst von wohlmeinenden, durch und durch religiösgesinnten Erziehern, in einer beispiellosen Weise dadurch gesündigt, daß man die Fassungskraft der unmündigen Zuhörer so sehr ignoriert und statt an den individuellen Lebenskreisen der Kinder anzuknüpfen und diese daraus, wenn auch nur auf kurze Zeitstrecken an die Stufen des Erhabenen und Göttlichen heranzuführen, das Höchste und Tiefste so behandelt als ob es selbstverständlich wäre.

Es soll ein Umgang mit Gott hergestellt werden. Gott als reales Wesen, als Persönlichkeit soll in der Klasse wohnen, das Klassenzimmer soll sein Tempel sein. Folgt hieraus von selbst, daß die oben geforderte Ausschmückung

des Zimmers auch aus dem eben Gesagten seine Berech=
tigung erhält, und daß selbst in religiös=indifferenten Unter=
richtsstunden der Geist Gottes in dem ganzen Auftreten des
Erziehers, im Verkehre desselben mit den Zöglingen zu Tage
zu treten hat, so ist gewiß selbstverständlich, daß die kleine
Gottesgemeinde ihr Tagewerk regelmäßig mit Gesang und
Gebet beginnt und hiervon nur abgeht, wenn bereits eine
gemeinsame Schulandacht (s. u.) stattgefunden hat. Es
wird auch eine kleine, von unverfälschter religiöser Erregung
seitens des Erziehers zeugende Ansprache selten fehlen, denn
heute gilt es vielleicht ein Bittgebet für einen schwer er=
krankten Kameraden, morgen ein Dankgebet für einen
Wiedergenesenen zu veranstalten, übermorgen einen Geburts=
tag zu feiern u. s. w. Aber auch bei dem schon mehrfach
erwähnten auf freieren Formen gebauten Unterrichte würden
sich ungezwungen Gelegenheiten finden, in denen das religiöse
Interesse geweckt und fortgebildet werden kann. Sei es,
daß der Spaziergang an einem Gottesacker vorübergeht,
oder die heimkehrenden Zöglinge vom Sternenhimmel über=
rascht werden, sei es, daß die Klassenreisenden das Glück
haben an einem schönen Sonntagsmorgen auf dem Gipfel
eines Berges ihre Andacht halten oder eine ansprechende
Predigt in einer öffentlichen Kirche hören zu können. —
Aber da vernehmen wir den schrillen Ruf: Wie, soll
auch der Sonntag in die Schularbeit hineingezogen werden?
Der Sonntag ist ein Tag der Erholung, der Einkehr in
sich selbst, der Erhebung über die Alltäglichkeit des Lebens,
der Feier des Gemüts in der Religion. Kein Tag der
Woche ist so zum Umgang mit Gott geeignet, als der
Sonntag — und doch wie wenig thut die Schule für eine
Sonntagsfeier ihrer Zöglinge? Wir wollen nicht den Zwang
empfehlen, der hier und dort auf den Kirchengang der

Schulkinder ausgeübt wird, so sehr die Bemühungen zu billigen sind, die auf eine frühzeitige Gewöhnung an regelmäßige Sonntagsandachten gerichtet sind. Es kommt auch hier wie in allen Stücken auf eine zweckmäßige Veranstaltung an.

Wer seine eigene Jugendzeit sich vor die Seele stellt, noch mehr, wer mit psychologischer Sonde dem Prozesse nachspürt, der bei einer religiösen Erbauung vor sich geht, der wird, wenn er mit Unbefangenheit an die Sache herantritt, sich sagen müssen, daß der Gewinn an religiösem Interesse nur dann ein nennenswerter ist, wenn die Erbauung sich möglichst eng an den Gedankenkreis der Jugend anschließt. Nun ist aber der öffentliche Gottesdienst hauptsächlich für Erwachsene bestimmt. Derselbe knüpft durch die Predigt wie durch den Gesang an die Lebenserfahrungen an, welche diese gemacht, er eröffnet Gesichtspunkte, erhebt zu Betrachtungen, die weit über den Horizont der an Lebenserfahrungen armen, an unstäter Beweglichkeit reichen Jugend gehen. Hieraus dürfte die Notwendigkeit eines besondern Kindergottesdienstes folgen, wie ein solcher ja auch schon hier und dort in Aufnahme gekommen ist. Und so sehen wir denn, wie wir in Wirklichkeit es schon so oft geschaut, am Sonntagsmorgen nach beendigtem öffentlichen Gottesdienste eine Anzahl von Schülern und Schülerinnen, gerufen von der Schulglocke, ihrer Schule zuschreiten. Die meisten kommen allein, einige in Begleitung ihrer Eltern, andere sind zu Hause geblieben oder sind mit ihren Angehörigen in der öffentlichen Kirche gewesen, denn es findet von seiten der Schule kein Zwang statt. Der Gottesdienst beginnt, die Orgel, das Harmonikon ertönt, ein leichtverständliches, im Unterrichte vorher behandeltes Gesangbuchslied wird gesungen. Zuweilen folgt diesem eine von den

Oberklassen oder einem freien Schülervereine eingeübte
Motette. Hierauf beginnt die Ansprache des Erziehers.
Sie knüpft an eine auf die jeweilige Zeit des Kirchenjahres
berechnete Bibelstelle an. Die Ansprache ist einfach, ge=
messen, leicht verstänblich, ohne dogmatische Färbung. In
einer vom Predigtton ferngehaltenen, dabei aber doch wohl
disponierten Darlegung hebt sie allmählich die Punkte her=
vor, die den jugendlichen Zuhörern als Reflex ihres eigenen
Lebens dienen können. Die dem Erzieher nicht unbekannten
Lebensverhältnisse der Kinder, noch mehr die Vorkommnisse
im Schulleben bieten hinreichende Gelegenheit dar. Hier
verklärt sich das scheinbar Niedrige und Kleinliche zu einem
Thun und Treiben, welches in den Augen Gottes hoch
und groß ist. Hier erweitert sich das Ich, hier verschmelzen
Erzieher, Zöglinge und Eltern in Einem Gefühl, in dem
der Abhängigkeit von Gott, der Unwürdigkeit vor Gott.
Und so läßt nach beendigter, nicht über eine halbe Stunde
währender Ansprache die in ihren Auffassungen, Gesinnungen
und Gefühlen von neuem geeinigte Schulgemeinde noch
einmal den Gesang eines Liederverses ertönen. Die Ge=
meinde steht auf, ein Knabe spricht das Vaterunser, es er=
klingt das Amen: die Andacht ist zu Ende. Die Zöglinge
reichen, nachdem sie einer aufgestellten Büchse gedacht, ihren
Erziehern die Hände und gehen friedlichen Sinnes nach
Hause*). Da aber nichts isoliert im Bewußtsein stehen
bleiben soll, so hat die Sonntagsfeier auf die ganze Schul=
woche fortzuwirken. Zunächst nimmt die gemeinsame Schul=
andacht am ersten Wochentage darauf Bezug, indem sie
entweder einen Hauptsatz oder eine Sentenz der Ansprache
zum Spruch für die laufende Woche macht. Inzwischen

---

kommt die erste Religionsstunde der Woche. In derselben referieren diejenigen Zöglinge, welche die Schulkirche besucht hatten, die Geschichte, welche der Andacht zu Grunde gelegt war oder einzelne Teile derselben, bringen dieselbe dadurch in das gemeinsame Besitztum der ganzen Klasse und eifern endlich zum Besuche der Schulkirche auch solche Zöglinge an, denen der häusliche Impuls dazu fehlt.

Während der Besuch der Sonntagsandacht in die Freiheit des Zöglings gestellt ist, hat es aber auch Schul-andachten zu geben, an denen die ganze Schulgemeinde teil nimmt. Es sind dies außer den Andachten am Anfang und Schluß der Schulwoche, die Feierlichkeiten, welche bei Gelegenheit der drei Hauptfeste der christlichen Kirche sowie bei andern Veranlassungen zu veranstalten sind. Sie finden bei Beginn der Weihnachts-, Ostern- und Pfingstferien, bei der Aufnahme neuer Zöglinge am Anfang des Schuljahres, beim Antritt der großen Ferien statt. Die Weihnachtsfeier erfolgt bei Beleuch-tung und Wechselgesang, die Osterfeier knüpft an das Examen und die Entlassung der Abiturienten an, der Schluß zu Pfingsten feiert die Gründung der Kirche. Bei Beginn der großen Ferien, in welchen die Schul-reisen stattfinden, wird die Feier durch ein Reiselied und ein fröhliches „Auf Wiedersehn" geschlossen. Von den Schulsonntagen sind besonders ausgezeichnet das Ernte-fest, das bei günstigem Wetter im Garten gefeiert wird, und das Totenfest. An diesem Tage gedenkt die Schule derer, die sie im Laufe des Jahres durch den Tod verloren hat. Auch früher verstorbene Erzieher und Zög-linge werden, soweit dies möglich ist, in die Erinnerung zurückgerufen.

Es ist überhaupt darauf zu halten, daß die Ver=
gangenheit möglichst lange in der Erinnerung der jedes=
maligen Gegenwart bleibt. Wie jede Klasse, so sollte
daher auch die ganze Schulgemeinschaft durch Führung
einer Schulchronik dafür sorgen, daß der historische Faden
niemals abreiße. Wahrhaft rührend und für uns beschämend
sind, wenn wir von der Unsitte des Nameneinschneidens
absehen*), die Zeichen dauernder Pietät, welche in Eng=
land die Zöglinge ihren Schulen und diese jenen in Be=
reitschaft halten. Die Zöglinge werden von der Schule
über dieselbe hinaus mit Aufmerksamkeit begleitet und
in den jährlichen Schulnachrichten jede von ihnen auf der
Universität erlangte Auszeichnung aufgeführt. Auf diese
Weise sagt Wiese**), lernen die jüngern Zöglinge immer
zugleich ein großes Stück der Vergangenheit der Schule
kennen und finden darin anspornende Vorbilder. Die
Knaben wissen es und haben etwas davon, daß sie in
denselben Räumen leben, daß sie dieselbe Luft atmen
wie so viele Männer vor ihnen, auf die das Vaterland
stolz ist. Von den Wohlthätern der Anstalt und andern
bedeutenden Männern, welche mit ihr in nahe Be=
ziehungen gestanden oder ihre Schüler gewesen, haben die
Zöglinge häufig auch die Bildnisse im Schul= oder Speise=
saal vor Augen. Man wende nicht ein, daß dies alles
vorzugsweise nur von geschlossenen Anstalten berichtet
wird. Wohl ist es wahr, daß die öffentlichen Schulen,
welche ihre Zöglinge nur einen verhältnismäßig kleinen
Teil des Tages sehen, zu so innigen Verhältnissen nicht

---

*) Einen würdigen Ersatz dafür bot Stoy (Zwei Tage in
englischen Gymnasien S. 23) in seinem Abiturientenalbum.
**) Wiese, a. a. O. S. 104.

gelangen werden. Könnte aber gleichwohl nicht auch von uns nach dieser Richtung hin mehr geschehen? Wie viele berühmte Männer unseres Vaterlandes sind, wenn nicht von ihren Schulen vergessen, doch der Nacheiferung verloren bei denjenigen Zöglingen, die jetzt dieselbe Anstalt besuchen. Lord Wellesley, der berühmte Gouverneur von Indien, behielt zeitlebens eine so innige Anhänglichkeit an Eton, daß er an keinem andern Orte begraben zu werden wünschte, was denn auch geschehen ist*). Sollte sich nicht auch bei uns, die wir uns einer gleichen Gemütsinnigkeit rühmen dürfen, wie die Engländer, wenn nicht ein gleiches, so doch ein ähnliches pietätvolles Verhältnis, selbst in unsern öffentlichen Schulanstalten erzielen lassen, wenn in ihnen dem Umgange mehr Rechnung getragen würde?

Der Unterricht inbetreff der Teilnahme.

Es kann hier nicht der Ort sein, die Beziehungen im Speziellen zu erörtern, welche zwischen dem Umgange und demjenigen Unterrichte bestehen, der gleich ihm die Förderung der Teilnahme zur Aufgabe hat, denn dieselben sind so vielfach, daß sie der Zukunft mehr als eine Spezialarbeit zuweisen werden. Da wir aber in dem Vorstehenden des Unterrichts bereits so oft gedacht, so mögen hier gleichsam zur Abrundung unserer Darstellung noch einige ergänzende Bemerkungen gestattet sein.

Herbart verlangt in Sachen der Teilnahme vom Unterrichte, daß er anschaulich, kontinuierlich, erhebend, in die

---

*) Wiese, a. a. S. 105.

Wirklichkeit eingreifend sei*). Es will uns bedünken, als ob diesen Forderungen noch lange nicht hinreichend entsprochen würde. Vor allem wünschen wir, daß dem Prinzipe der Anschaulichkeit auf dem Gebiete der Teilnahme wenigstens eine gleiche Anwendung zu teil werden möge, wie dies bereits beim Erkenntnisunterrichte der Fall ist. Steht der letztere auf der Höhe der Zeit, so versäumt er nicht die Objekte, an denen Erkenntnis gewonnen werden soll, den Zöglingen vor Augen zu stellen, und damit er dies in vollem Maße könne, werden, wie wir oben des Umgangs wegen gethan, sogar Spaziergänge angestellt und Reisen veranstaltet. Man kann nicht sagen, daß ein ähnliches Hinstreben zur Anschaulichkeit auch von dem die Teilnahme behandelnden Unterrichte zu rühmen sei. Derselbe hat es mit abwesenden, gleichviel ob historischen oder erdichteten Personen zu thun; er hat gesellschaftliche Zustände vor das Auge hinzustellen, die für das Verständnis nicht ohne weiteres bereit liegen; er hat endlich das höchste Wesen so nahe zu bringen, daß dasselbe von der Teilnahme des Zöglings erfaßt werden kann. Was hat hier nach dem Prinzip der Anschaulichkeit zu geschehen? Ohne Zweifel darf es zur Erweckung des sympathetischen Interesse im Geschichtsunterrichte ebenso wenig wie in dem die Erzeugnisse der Litteratur behandelnden Sprachunterrichte nicht an zweckentsprechenden Bildwerken fehlen, welche die ·der Teilnahme darzubietende Personen betreffen. Aber noch mehr. Bilder, selbst gute, sind nur in dem Maße verständlich, als ein geistiger Boden zur Erfassung und Verdeutlichung derselben gewonnen worden ist. Die eigenen Erlebnisse, welche diesen Boden zubereiten, brauchen hier,

---

*) Herbart, W. X. S. 68.

weil es schon oben geschehen ist, nicht noch einmal erwähnt zu werden. Ein anderes ist es, was der Erzieher durch seine Person zur Verdeutlichung der durch Bilder vertretenen Persönlichkeiten zu thun hat. Es scheint uns unzweifelhaft, daß er sich, natürlich innerhalb ästhetischer Grenzen, der möglichst getreuen, hör= und sichtbaren Darstellung der zur Anschauung zu bringenden Gemütszustände zu befleißigen hat. Er muß, unter Vermeidung des vultus semper idem, einem guten Mimen gleich der verschiebenen Gefühlssprachen Herr, überhaupt aber in der Lage sein, seine Zuhörer und Zuschauer ganz in die Situation hinein zu versetzen. Nicht zufrieden mit der eigenen Darstellung wird er hierauf bedacht sein, daß bei Gelegenheit der Reproduktion der Geschichte oder der Rezitation des erlernten Gedichts, auch der sich der Wiedergabe gern entziehende Gemütszustand der vorkommenden Personen wenigstens annähernd zum Ausdruck gelangt und er muß, wenn die Fähigkeiten der Zöglinge dazu ausreichen, das Dargebotene zum Gegenstande eines deutschen Aufsatzes machen, damit es klar erkannt werden kann, wieweit die geschilderten bez. illustrierten Gefühle und Empfindungen wirklich innerlich nachgebildet worden sind. Ein Vergleich zwischen Knaben und Mädchen zeigt hier auffallende Unterschiede und weist darauf hin, daß den ersteren insbesondere beim Deklamieren ganz besondere Aufmerksamkeit zuzuwenden ist. Mit Recht verlangt Waitz*) eine vollständige Angemessenheit des Gesichtsausdrucks und der Gebärde zum dargestellten Inhalte eines Gedichts nur von dem höhern Unterricht. Dabei darf jedoch nicht das Beste des Guten Feind sein. Schon Elementarschüler lassen sich, wenn man an den

---

*) Pädagogik. S. 272.

mimischen Ausbruck nicht zu hohe Ansprüche stellt und diesen durch eine der Beweglichkeit dieses Alters ent=sprechende Bethätigung der übrigen Glieder zu ersetzen sucht*) ohne große Mühe zu kleinen bramatischen Auf=führungen anleiten, wenn der barstellenbe Stoff der Alters=stufe genau entspricht. Aber gerade biese Bebingung wirb an vielen Orten außer acht gelassen. Mutet man z. B. Sextanern Gebichte zu, an die kaum Tertianer orbentlich hinanreichen, bann barf man sich auch nicht wunbern, wenn von einer großen Anzahl von Zöglingen immer nur wenige zur Deklamation sich eignen nnb auch biese oft nur die Schale ohne den Kern wiebergeben. Ein gleich hoher Grab von Anschaulichkeit muß auch inbezug auf gesellschaftliche Zustänbe angestrebt werben. Gute Gruppen=bilber, getreue kulturgeschichtliche Darstellungen, sei es burch Bilbwerke ober burch wirkliche Gegenstänbe aus ber ge=schilberten Zeitperiobe, werben große Dienste leisten, unb es sollte barum keine Schule ohne eine mehr unb mehr nach Vollstänbigkeit ringenbe selbst bie fernsten Gegenben unb Zustänbe verbeutlichenbe Sammlung sein. Zur Ver=anschaulichung von Gott giebt es keine Bilber. Umsomehr sollte man gerade hier eines sorgfältigen Stufengangs sich befleißigen. Wie bem Kinbe die Familie bas Symbol ber Weltorbnung zu sein hat, so nehme es ibealisierenb zu=nächst von ben Eltern die Eigenschaften ber Gottheit ab**). Balb werben ihm bieselben nicht mehr genügen unb es wirb ihm ein Bebürfnis befriebigt sein, wenn es, von ber biblischen Geschichte immer höher gehoben, enblich an Christus seine Gotteserkenntnis vervollstänbigen kann, unb

---

*) Vergl. Stoy, Vaterhaus ꝛc. S. 15 ff.
**) Herbart, W. X. 99.

damit zugleich einen Maßstab für die im Unterrichte auf=
tretenden geschichtlichen Personen gewinnt. Es ist jedoch
hinlänglich bekannt, daß wie beim Erkenntnis=, so auch
bei dem Teilnahme=Unterrichte die Anschaulichkeit nur
dann zum Ziele führt, wenn sie zugleich Bausteine zu
Bildern liefert, die erst mit Hilfe der Phantasie zu ge=
stalten sind. Wie alle Interessen so bedarf namentlich das
religiöse Interesse, soll sich ihm nicht der Aberglaube an=
heften oder der Unglaube zugesellen, in hohem Grade der
Phantasie und man kann es nur aus dem Fortwirken der
philanthropinistischen Erziehungsweise wie aus den be=
dauerlichen Folgen, welche das Übermaß stets herbeiführt,
erklärlich finden, daß die Bildung der Phantasie auch jetzt
noch so wenige Freunde gefunden hat. Infolge voll=
ständiger Verkennung der pädagogischen Wichtigkeit dieser
Geistesthätigkeit entblödet man sich nicht, Kinder von 6—7
Jahren an Geschichten heranzuführen, die nur richtig auf=
gefaßt werden können, wenn vorher der Einbildungskraft
eine aufmerksame Behandlung zuteil geworden ist. In der
That, man wird erst einsehen, welche hohe Bedeutung der
von Ziller in das erste Schuljahr gestellte Märchenunter=
richt, welche Wichtigkeit die Darbietung der Robinson=
erzählung im zweiten Schuljahre hat, wenn der Geschichts=
unterricht auf den Beitrag hin geprüft werden wird, den
er den Interessen der Teilnahme zu bringen hat und den
er jetzt wirklich leistet. Auch dann erst wird der von
Herbart angestrebte, mit Nachdruck besonders von Ziller
geforderte analytische Unterricht zu rechtem Ansehen kommen;
denn man wird erkennen, daß fremde Personen, fernliegende
Gesellschaftszustände nur auf Grund sorgfältiger, aus dem
nächsten Vorstellungskreise des Kindes entnommenen An=
schauungen und Betrachtungen erklärt werden können.

Was die zweite Forderung anbelangt, daß der Unterricht inbetreff der Teilnahme kontinuierlich sei, so muß an den großen Grundsatz: Erst die Alten und dann die Neuern*) erinnert werden, da man noch immer an der Ansicht festhält, daß das Nahe auch das Einfache und darum z. B. die Vaterlandskunde an den Anfang des Geschichtsunterrichts zu stellen sei. Das Einfache und für die Kinder am leichtesten zu Fassende ist in denjenigen Zeitperioden zu suchen, in denen die Menschheit selbst noch im Zustande der Kindheit sich befand. Hier hat also auch der Geschichtsunterricht anzuheben, natürlich mit Bausteinen, die mittels des analytischen Unterrichts aus dem Anschauungskreise des Kindes entnommen worden sind. Es erheben sich gegenwärtig viele Stimmen, welche das alte Testament wenn nicht ganz, so doch zum größten Teile aus der Schule verbannt wissen wollen. Nun ist wahr: dasselbe enthält Vieles, was nicht dargeboten werden darf. Aber muß man nicht gestehen, daß es zur Gewinnung einfacher Staats- und Kulturverhältnisse ganz unentbehrlich ist, und sind nicht seine Anschauungen von Gott gerade darum, weil sie so kindlich sind, vorzugsweise für Kinder geeignet, die ebenfalls noch am Anfange der Gotteserkenntnis stehen? Und hat man bedacht, daß, wenn man mit dem neuen Testamente den Anfang macht, der Anschauung der Grund und Boden entzogen wird, insbesondere die große Bedeutung der Erscheinung Christi gar nicht erkannt werden kann?

Das alte Testament wird nicht ganz erzählt, vieles wird ferngehalten**). Sollten aber die nun sich ergebenden

---

*) Herbart, W. X. S. 84, 99, 105.
**) Vgl. Hollenberg, Jahrb. f. wissenschaftl. Pädagogik. I S. 70.

einzelnen biblischen Geschichten neben einander vereinzelt stehen bleiben, wie dies hier und dort angestrebt wird, so würden wir dies nicht billigen können, sondern vom Standpunkte der Kontinuität verlangen müssen, daß, wenn auch mit den Kleinen nicht Geschichte des Reiches Gottes getrieben werden soll, so doch auch hier schon der göttliche Heilsplan wenigstens in seinen Hauptmomenten festgehalten wird. Es ist dies auch ein Einwand, den wir der auf dem Gebiete der Profangeschichte mehr und mehr zur Anwendung kommenden biographischen Methode entgegenhalten müssen, insofern sie das Zusammengehörige unnötigerweise auseinander reißt. Aber auch noch ein anderer Grund spricht gegen die vorherrschend biographische Behandlungsweise. Es ist die Rücksicht, welche die gleichmäßig auszubildenden drei Interessen der Teilnahme gebieten. Ja wäre es statthaft, dieselben so zu behandeln, daß in den Unterklassen vorzugsweise das sympathetische, in den mittlern und obern Klassen das gesellschaftliche und religiöse Interesse gepflegt werden dürfte, gälte nicht vielmehr die unaufhebbare Forderung, daß auf allen Stufen sämtliche Interessen, die der Erkenntnis wie der Teilnahme, gleichmäßig zu fördern sind, dann würden wir mit einem biographischen Geschichtsunterrichte zufrieden sein können — wenn die Grundlagen dazu von klassischen Historikern dargeboten werden.

Dies führt auf die dritte Forderung, daß der Unterricht in Sachen der Teilnahme auch erhebend sein soll. Es ist in der That kein gutes Zeichen der Zeit, daß die Schule sich mehr und mehr vom Schlepptau jener Bücherfabrikanten fortziehen läßt, die, sei es aus Eitelkeit oder aus Spekulation, nichts weiter thun, als daß sie mit ihren Erzeugnissen den Markt erfüllen und die Klassiker, an die allein die Jugend herangeführt werden sollte, den Augen des Publikums entziehen. Wohl enthalten, wie die Bibel, auch die klassischen Profanhistoriker manches, was der Jugend nicht dargeboten werden soll; auch bieten sie vieles, was, zumal wenn der Zeitraum für die Schulerziehung ein sehr beschränkter ist, weggelassen werden muß. Aber dies ist kein Grund, sie hintenan zu stellen, oder sie so umzuarbeiten, daß man die ursprünglich klassische Darstellung weder an ihrem Inhalte noch an ihrer Form wiedererkennt. Soll der Unterricht inbetreff der Teilnahme ein erhebender werden, so muß die Jugend unbedingt zu den klassischen Schriftstellern hingeführt und es dürfen ihr nur solche Bearbeitungen in die Hände gegeben werden, die vor dem Richterstuhle einer gewissenhaften Pädagogik zu bestehen vermögen*). Dann wird auch das, was Petsch**) verlangt, sozusagen von selbst kommen, denn an „Grund und Zusammenhang der Begebenheiten“ lassen es unsere klassischen Historiker bekanntlich niemals fehlen. Was aber hier die Hauptsache ist; durch ihre Darstellung erheben sie uns und lassen, indem sie uns in das Reich des Schönen führen, eine Anknüpfung zu, die gegenwärtig mehr geflohen als gesucht wird, wir meinen die auch von der Profangeschichte nie zu trennende wenn auch besondern Stunden zuzuweisende religiöse Betrachtung. Bei der isolierten Stellung, in welcher sich gegenwärtig, im niedern wie höhern Unterrichte, die einzelnen Disciplinen befinden, ist an eine solche Konzentration, welche, wie von der Wissenschaft der Pädagogik mit wachsender Energie gefordert wird,

---

*) Vergl. Ziller, Jahrbuch ꝛc. II. S. 41.
**) Lüben, Jahresber. 18. B. S. 517.

Geschichte, Lektüre und Religion untereinander in Wechsel=
wirkung bringt, nicht zu denken. Und doch kann der
Religionsunterricht erst dann die Jugend so recht zu Gott
erheben, wenn er das auch in andern Disciplinen pul=
sierende religiöse Leben in sich aufnimmt, sei es, um es
ungesäumt anzuschließen an den bereits auserbauten Grund=
stock sittlich=religiöser Gesinnungen, oder um, wie z. B.
den klassischen Schriftstellern des Heidentums gegenüber,
die Erhabenheit der christlichen Lehre zu klarer Darlegung
zu bringen *).

Wenden wir uns nun der letzten Forderung zu, daß
der Teilnahme=Unterricht in die Wirklichkeit eingreifend

---

*) Zur Ergänzung des Gesagten excerpieren wir eine Vor=
stellung an die K. Kreisdirektion zu Leipzig, d. h. 3. Februar 1863
wie folgt: Ich wünschte die hohen Behörden der vielen schönen Er=
fahrungen teilhaftig zu machen, die bereits im Laufe eines Jahres mit
Zugrundelegung von Nägelsbach's Homerischer Theologie bei Betreibung
der Odyssee in Hinsicht auf die aus ihr hervorspringenden religiösen
Momente gesammelt worden sind. Es kann in der That das Christen=
tum in seiner Hoheit und Erhabenheit gar nicht herrlicher hervortreten
als wenn sich ihm an der Hand klassischer Lektüre das Heidentum
gegenüberstellt. Es sei mir gestattet, dies an einigen Stellen der
Odyssee darzuthun. Schon der Anfang: Ἄνδρα μοι ἔννεπε, Μοῦσα,
πολύτροπον ꝛc. bietet eine schöne Gelegenheit zur Besprechung über
das Gebet wie über niedere und höhere Götter dar. (Vergl. hierzu
Ziller, Jahrbuch II. S. 65). Wie hoch stellt sich gleich hier der
christliche Gottesbegriff und wie kann jetzt eigentlich erst nach Kenntnis=
nahme von der heidnischen Vorstellungsweise das Wort der Schrift
(Jes. 44, 6) gewürdigt werden: „Ich bin der Erste und ich bin der
Letzte und außer mir ist kein Gott". Schon einige Verse weiter bietet
sich eine neue Gelegenheit zu religiöser Betrachtung dar. Es heißt hier:
θεοὶ δ' ἐλέαιρον ἅπαντες, νόσφι Ποσειδάωνος. Man vergegen=
wärtige sich die Wirkung dieses Verses gegenüber der allerbarmenden
Liebe des christlichen Gottes etwa nach der lutherischen Erklärung des

sei, so dürfte es wohl unzweifelhaft sein, daß in einer Schule, welche den Umgang in der dargelegten Weise pflegt, die Gelegenheit zur Bethätigung der Teilnahme nimmer fehlen wird. Es sind so zu sagen schon die Kanäle geöffnet, durch welche der vom Unterrichte gereinigte und geläuterte Geist der Teilnahme hindurchströmen und bis an das Herz des einzelnen gelangen kann. Nicht als wertlose Ziffer, nein, als eine Persönlichkeit, die den Marschallstab des Selbstbestimmungsrechtes bei sich trägt, wird jeder einzelne Zögling am Ende der Erziehungszeit sich wiederfinden. Aber er wird auch einsehen, wie wenig er vermag, wenn er allein strebt, und wie sehr es daher, um Großes

---

erſten Artikels im zweiten Hauptſtücke oder nach dem Worte der Schrift: „Wie sich ein Vater über seine Kinder erbarmet, so erbarmet ꝛc. (Pſ. 103, 13). Wie niedrig ſteht Poseidon hier wie in Od. I. 26: ἔνϑ' ὅ γε τέρπετο δαιτὶ παρήμενος im Gegensatze zu dem strengen Worte der Schrift: Gehorsam iſt besser denn Opfer (1. Sam. 15, 22) und (Pſ. 40, 7), Opfer und Speiseopfer gefallen Dir nicht. Vergl. außerdem die Rede der Athene (Od. I, 60—62) und später Od. 5,283, wo Poseidon von den Äthiopen zurückkehrend εἴσατο γάρ οἱ πόντον ἐπιπλώων gegenüber der herrlichen Auffassung (Pſ. 139, 7—10): Wo soll ich hingehen vor beinem Geiſte ꝛc. und (Pſ. 139, 1—4) Herr du erforscheſt mich und kenneſt mich ꝛc. oder (Pſ. 94, 9): Der das Ohr gepflanzt hat, sollte der nicht hören? Wie läßt sich ferner an des Ägiſthos That (Od. I, 35—40) die sittliche Entrüstung von neuem erzeugen, die schon in der biblischen Geschichte bei bekannten Gelegenheiten erweckt und zur Einprägung bestimmter Gebote benutzt worden war. Könnte es einen Augenblick zweifelhaft sein, die Vertiefung in das Heidentum als Mittel zur Erhebung auf die Höhen chriſtlicher Denkweise zu benutzen, muß da nicht der Rede des Zeus (Od. I, 40) gegenüber, in welcher er die Rache des Oreſtes als etwas gar nicht Mißfälliges in faſt gemütlicher Weise hinſtellt, sich tief das Wort der Schrift einprägen: Die Rache iſt mein, ich will vergelten! (5. Moſ. 32, 35. Röm. 12, 19)!

zu wollen, geboten ist, an Andere sich anzuschließen und einem gemeinsamen Willen sich unterzuordnen. Er erkennt sich endlich als Bürger eines höhern Reichs und fühlt in Demut, wie gering unter allen Umständen der Beitrag ist, den er zum Aufbau einer bessern Welt zu leisten vermag.